揺れる家族法

—論点と改革の動向—

澤田 省三 著

発行 テイハン

はしがき

家族法（親族法）及び家族法に関連する法分野は今大きな改革の波に洗われている。しかもそれは広範多岐にわたっている。現行法制の改革のみならず、未だ立法の段階には至ってはいないが、早晩その必要性に迫られることの可能性の高い問題も含まれている。その背景にあるのは、現行民法制定時（1947年）とは比較にならないくらい国民の法意識が変化していること、加えて、人々の価値観の多様化、多様性の受容等の要請が高まっていることに加え、これらの現象を基礎に社会状況も大きく変わっていることであろう。

こうした現象は、家族法及びその関連分野においても、もはや「一つの物差し」でルールを定めることによって問題の解決を図るという手法は必ずしも通用しなくなっていることを意味するものと言えよう。もとより、それは規律の対象の性質にもよることではあるが、一般論としてはそのように言えるであろう。

例えば、今議論の渦中にある離婚後の親権制度の在り方の問題一つとっても、単独親権か共同親権かという二者択一的思考のみでは問題の効果的施策の策定には届かないのではなかろうか。離婚の原因、離婚当事者の意思・容態、子供の意思、親権制度への理解アップの方策、家裁の関与の内容、外国法制の実態の把握等多角的かつ相対的な視点による検討が求められることになろう。現に法制審議会の関係部会での審議の経過等を見ても、可能な限り多くの論点をピックアップし、多くの時間を傾注し、問題のよりよい結論を得ようとする積極的な姿勢が見てとれるように思われる。それだけに、審議の成り行きには大きな期待を寄せている。ところでこの問題をも含めた「家族法制の見直しに関する中間試案」が本年（2022年）８月に公表される予定であったが報道等によればこれが先送りされることになった。その理由たるや甚だ不可解なものであるが法制審議会はもっと自己の立場に忠実に毅然とした態度を採るべきであろう。予定どおり中間試案が公表されれば本書に収録する予定であったがそれは叶わぬことになった。しかし、幸い「家族法制の見直しに関する中間試案のたたき台（修正版）」を入手することができた。折角の機会でもあるので本書巻末にその内容を若干の所感を付して紹介した。参考になれば幸いである。

本書は近時における家族法改正の動き、家族法に関連する分野の新たな立法化への課題となっている問題に加えて、まさに現代的課題と位置づけられる同性婚の問題、パートナーシップ制度の問題等についてもその現状及び関係する重要裁判例等も紹介し、それらのもつ問題点の理解に資することができるようにも配慮した。そして、これらが家族法等の改革に関する水先案内の役割を果たすことができればと考えている。いずれ近いうちに家族法及び関連する分野において、かなり大きな改革がなされることと思われるが、その時にそれぞれの問題がより理解しやすくなる手助けになればとの思いでまとめたものである。

筆者の意図が少しでも読者の皆さんに届けば幸いである。

本書の出版に際しては、(株) テイハン企画編集課の三上友里氏に大変お世話になった。改めて心からお礼申し上げる。

なお、私事にわたり恐縮であるが、私の妻（澤田ヨシエ・87歳）が本年７月20日他界した。妻は私が学者の道に転じてからも常に原稿・資料等の作成、整理、校正などに力を尽くしてくれた。亡くなる前の２年余は在宅介護で主としてベッド上での生活が中心であり、私は常に彼女の視界に収まる場所で仕事をしていたが、いつも笑顔を絶やさず激励してくれていた。本書の原稿を脱稿したときも（本年６月）原稿を嬉しそうに抱きしめて喜んでくれていた。自らも、教師、調停委員、保護司等を経験しながら、私と同世代ということもあり、話題・趣味等に共通項も多くいろいろな問題についてよく話し合ったものである。思えば学生結婚（妻は教職）でスタートした私たちの人生はそれなりに波乱に富んだ64年であった。しかし、いつも前向きで明るさを失うことのなかった彼女の存在は私にとって得難いものであった。

今頃は好きな百人一首などを紐解きながら「逢ひみての　のちの心に　くらぶれば　……」などと朗詠しているのかも知れない。

本書を亡き妻へのレクイエムとして幽界の彼女に捧げる。

2022年10月

澤　田　省　三

目　次

一　はじめに

本書のタイトルを「揺れる家族法」としたのは、家族法（親族法）の中における中核的規定群ともいうべき「婚姻」「離婚」「実子」「養子」（特別養子を含む）「親権」等に関する規定の中には、必ずしも現代の家族関係をめぐる社会的状況の変化に対応していないものがあるのではないかという感覚が、かなり多くの国民に意識されているように思うからである。

現行家族法（民法典第４編親族・第５編相続）は、1898（明治31）年に施行されたいわゆる明治民法（第４編親族・第５編相続）を、1947（昭和22）年の日本国憲法の施行に伴い、個人の尊厳と男女両性の本質的平等の理念に立脚して、全面改正したものである。

明治民法の親族法は、いわゆる「家」制度によって特徴づけられるものである。つまり、明治民法に則して説明すれば、戸主が家族を統率する仕組みであり、このような戸主としての法的地位は、「家」に属する財産とともに「家督相続」の対象となっていたのである。しかし、このような制度が新憲法の個人の尊厳と両性の本質的平等という基本理念に反することは明白であり、民法第４編・第５編は憲法の施行により全面的に改正されることとなったのである。

新憲法の制定に伴う民法の改正で象徴的なものは、明治民法における「家」制度の廃止である。新憲法は、その第24条において「婚姻は、両性の合意のみに基づいて成立し、夫婦が同等の権利を有することを基本として、相互の協力により、維持されなければならない」と規定するとともに、「配偶者の選択、財産権、相続、住居の選定、離婚並びに婚姻及び家族に関するその他の事項に関しては、法律は、個人の尊厳と両性の本質的平等に立脚して、制定されなければならない」としている。このような法文の意味するところが、「原則として、夫が戸主として家族を統率し、原則として長男がその家督を相続する」という明治民法の家制度が、日本国憲法の理念に全くそぐわないものであることは明白であり、家制度の廃止という観点からの民法第４編・第５編が改正されるに至ったのは極めて当然のことであった。しかし、同時に、激しい時代の変化と国民の生活形式・生活意識の多様化等を前提に今改めて憲法第24条の規定を吟味するにつけ、現行家族法の規定には憲法第24条の趣旨に必ずしも即していないと感じられる条項があるという感覚を、かなりの人々が抱くのも極めて自然なことのように思われる。そのシンボル的規定を１つ挙げれば民法第750条の「夫婦の氏」に関する規定である。戦後の大改正から既にして75年が経過している。もとよりその間には民法第４編・第５編に関連する改正作業は必要に応じて進められてきた。例えば、1976（昭和51）年には、婚氏続称制度の創設、1987（昭和62）年には特別養子縁組制度の創設、1999（平成11）年には、成年後見制度の創設等が、2004（平成16）年には、民法典の現代語化、表記や形式の整備等も行われた。そして、2011（平成23）年には、親権停止制度の新設、親権（管理権）の喪失原因の見直し等親権制度の改正等も行われてきた。こうした改正も社会状況の変化なり国民の法制度に対する意識の変化等に敏感に反応した産物ともいえるであろう。

しかし、この戦後改正からの75年という期間の経過は家族法分野でのさらなる改革を求める大きな社会的変化があった。婚姻における未婚化・晩婚化、離婚の増加、再婚家庭の増加、そして、少子・高齢化、身分関係の国際化等の諸現象に伴う社会状況の変化は、現行家族法の想定する「夫婦と未成年の子からなる婚姻家族」とは異なる多様な家族形態等の現出を招いているのである。そして、それらの動きに対して民法は必ずしも適宜適切な対応を採ってきたとは言えないように思われる。家族法はまさに揺れているのである。事柄は、婚姻法の分野でも親子法の分野でも系統的な改革の必要性が増加しているのではなかろうか。

時あたかも、令和４年２月１日法制審議会民法部会（親子法制部会）が、民法（親子法制）等の改正に関する要綱案を取りまとめた旨の報道があった。今そこで述べられている事項を紹介すれば、①懲戒権に関する規定の見直し、②

嫡出の推定の見直し及び女性に係る再婚禁止期間の廃止、③嫡出否認制度に関する規律の見直し、④第三者の提供精子を用いた生殖補助医療により生まれた子の親子関係に関する民法の特例に関する規律の見直し、⑤認知制度の見直し等が挙げられている。これらは前記の家族法分野における社会的状況の変化に対応する改正動向のひとつともとれるものである。これらの事項が「揺れる家族法」の重要部分であることは間違いない。速やかな改正が期待されるところである。

本書はこれらの事項にとどまらず、広く家族法の中で改革・改善が求められていると思われる問題等を取り上げ、その論点を紹介して読者の皆さんの参考に供したいと念じている。

二　婚姻（離婚）関係をめぐる問題

1　再婚禁止期間の廃止をめぐって

最初に再婚禁止期間をめぐる問題について触れてみよう。この問題は前記のとおり法制審議会民法部会の民法（親子法制）等の改正に関する要綱案の中でも取り上げられており、そこでは女性に係る再婚禁止期間の廃止も挙げられている。このような結論が得られたのは、同要綱案が示している嫡出の推定の見直し作業に関連して、その見直し内容との整合性という観点からの結論ともいえるものである。これらの点は後程触れることにして、まずは現行の再婚禁止期間に係る法文を示しておこう。

民法733条（再婚禁止期間）

女は、前婚の解消又は取消しの日から起算して100日を経過した後でなければ、再婚をすることができない。

②　前項の規定は、次に掲げる場合には、適用しない。

1　女が前婚の解消又は取消しの時に懐胎していなかった場合

2　女が前婚の解消又は取消しの後に出産した場合

本条は平成28（2016）年の民法改正により、改正前は６か月とされていた再婚禁止期間を100日と改めたものである。少しこの改正等の経緯について説明しておこう。

再婚禁止期間の定めは、子の父が誰であるかを確定する困難を避けるための制度とされてきた。つまり、民法第772条第２項により「婚姻成立の日から200日を経過した後又は婚姻の解消若しくは取消しの日から300日以内に生まれた子は、婚姻中に懐胎したものと推定」されることから、もし前婚の解消直後に再婚がされると、前婚の解消後300日以内で後婚の成立後200日以後に子が生まれる可能性がある。その場合、その子は、いずれの夫から生まれた子かについて前記の民法の推定規定が重なることになる。そこで、前婚の解消から半年おけば十分だろうと考えられたものと説かれている。しかし、民法第772条の推定の重複を避けるという法文の趣旨・理由なら、６か月は必要でなく、計算上は、100日おけば推定の重複は避けられることになる。つまり、民法は、妻が婚姻中に懐胎した子を夫の子と推定し（民法772条１項）、婚姻成立の日から200日経過後、婚姻解消の日から300日以内に出生した子を、婚姻中に懐胎した子と推定しているわけであるから（民法772条２項）、前婚と後婚の間に100日空けておけば、前夫の子と推定されるか、後夫の子と推定されるか、わかるわけである。

平成８年２月26日に法制審議会が決定した「民法の一部を改正する法律案要綱」では、その１項目たる再婚禁止期間について、これを100日に短縮していた。

他方、この問題については、再婚禁止期間の規定は女性に対する差別で憲法違反であるとして訴訟も提起されていた。しかし、例えば、平成７年12月５日の最高裁第三小法廷判決はその主張を退けていた。しかし、この判決から20年以上経過した平成27年12月16日にこの問題で最高裁判決がでた。その判決の要旨は以下のような内容であった。

「民法第733条第１項の規定のうち女性の再婚禁止期間を６箇月とする部分は、遅くとも平成20年当時においては、憲法第14条第１項及び第24条第２項に違反していたと判示するとともに、裁判官６名の共同補足意見として、民法第733条第２項の場合以外であっても、およそ父性の推定の重複を回避する必要がない場合には、再婚禁止規定の適用除外を認めることを許容するのが相当である」としていた。

この判決を受けて、①民法第733条第１項の定める再婚禁止期間を「前婚の解消又は取消しの日から６箇月」から「前婚の解消又は取消しの日から起算して100日」に改めるとともに、②民法第733条第２項を改め「女が前婚の解消又は取消しの時に懐胎していなかった場合」又は「女が前婚の解消又は取消しの後に出産した場合」には再婚禁止期間の規定を適用しないものとし、さらに、③民法第746条を改め、再婚禁止期間の規定に違反した婚姻について、前婚の解消若しくは取消しの日から起算して100日を経過し、又は女が再婚後に出産したときは、その取消しを請求することができない、とする内容の「民法の一部を改正する法律案」が国会に提出され、平成28年6月1日に成立した。この法律は同年6月7日に公布・施行されたのである。これが現在施行されている再婚禁止期間に関する法文の内容である。戸籍実務においても関連した通達が発出されている（平成28年6月7日付民一第584号通達及び同日付民一第585号依命通知）。

再婚禁止期間の規定はこの改正によりとりあえずの決着を見たのであるが、学説では前記の平成27年最高裁判決より前から、再婚禁止期間に関する規定の廃止論も有力に存在していた。再婚禁止期間規定の廃止論は、再婚禁止期間に関する民法の定めが憲法や条約に違反すること、再婚禁止規定による実質的根拠が稀薄であること、つまり、再婚を禁止しても、後夫との子が生まれる可能性は残ること、現在ではDNA鑑定によって父子関係が高い確率で明らかにできること等を理由とするものである。また、訴訟の場においても前記の平成27年最高裁判決の中で、民法第733条第1項の期間全体が違憲であるとする意見もあった。

他方、外国の法制に目を転じれば、1960年代以降は、再婚禁止期間制度を廃止する国が増えていると言われている。

こうした問題意識もある中で、再婚禁止期間の規定（民法733条）が根拠とする嫡出推定制度自体を見直すべきであるという見解も主張されている。つまり、この主張の背後にあるのは、嫡出推定規定の見直しによって、仮に、嫡出推定の重複という事態の発生を避けることができれば、そもそも、再婚禁止期間の定めそのものが不要になるという結論が自覚されていたのではなかろうか。こうした動きのなか、平成28年6月7日法律第71号（民法改正）附則第2項には「政府は、この法律の施行後3年を目途として、この法律による改正後の規定の施行の状況等を勘案し、再婚禁止に係る制度の在り方について検討を加えるものとする。」との規定が置かれることとなった。

こうした状況の中で再婚禁止期間と嫡出推定規定との関係については、例えば、婚姻中に出産した場合のみ夫の子とするならば、父性の重複は起こらないから、再婚禁止期間は不要になるとする見解（梶村太市ほか『家族法実務講義』61頁・榊原富士子（有斐閣、2013））も出されている。

また、令和元（2019）年７月、「嫡出推定制度を中心とした親子法制の在り方に関する研究会報告書」は、婚姻解消又は取消しの日から300日以内に生まれた子は、母が前夫以外の男性と婚姻していたとき、前夫の子と推定されないこととし、婚姻成立の日から200日以内に生まれた子について、夫の子と推定することとした場合には、基本的に再婚禁止期間が不要になるという提案をしている（同報告書12、13頁）。

■再婚禁止規定改正の動向

さて、前述のような諸情勢等も踏まえつつ、法制審議会民法部会（親子法制部会）は、令和４（2022）年２月１日付で「民法（親子法制）等の改正に関する要綱案」をまとめた。この要綱案の中で再婚禁止期間の廃止についての内容が盛り込まれている。これは再婚禁止期間の規定の廃止に向けての大きな一歩であると思われる。そこでまずその内容を示すことにしよう。民法（親子法制）等の改正に関する要綱案では第２の２に記載されている。その内容は以下のとおりである。

第２　嫡出の推定の見直し及び女性に係る再婚禁止期間の廃止

２　女性に係る再婚禁止期間の廃止

⑴　民法第733条を削除する。

⑵　民法第733条を削除することに伴い、以下のように見直すものとする。

①　民法第773条は、民法第732条の規定に違反して婚姻をした女が出産した場合において、適用することとする。

②　民法第744条第２項において、再婚禁止期間内にした婚姻の取

消しに係る記載を削る。
③　民法第746条を削除する。

少しくこのような結論に至ったプロセスについて触れてみよう。

法制審議会に設置された民法（親子法制）部会は、令和元年７月に民法の懲戒権及び嫡出推定制度に関する規定等の見直しについて調査審議を開始し、令和３年２月９日の第14回会議において「民法（親子法制）等の改正に関する中間試案」を取りまとめた。この試案は、試案の中に、【甲案】、【乙案】又は【丙案】が併記されていることからもわかるように、民法（親子法制）部会におけるそれまでの審議結果を中間的にまとめたものである。そして甲案、乙案又は丙案との記載はその内容の優先度を示すものではないとされている。

その中間試案では再婚禁止期間の見直しについては以下のような２案が示されていた。

甲案➡民法第733条を削除する。
乙案➡民法第733条を削除した上で、前夫の子であるという推定と再婚後の夫の子であるという推定とが重複する場合には、父を定めることを目的とする訴えにより父を定めることとする。

この内容からすると「民法（親子法制）等の改正に関する要綱案」第２の２に記されている内容は、中間試案に示されている甲案が基本的な案として選択されたものとみるのが自然であろう。いずれにしても民法第733条が削除される可能性が強いことは間違いない。

問題はそのような結論を得た理由であるが、これはまた別項で詳しく触れるつもりであるが、嫡出の推定の見直しに関する検討内容と深く関わっている。ここではさしあたりその関連の内容を例示しておくにとどめたい。

例えば、嫡出推定の見直しについて、婚姻の解消又は取消しの日から300日以内に生まれた子について、母の再婚前に生まれた子は前夫の子と推定され、母の再婚後に生まれた子は再婚後の夫の子と推定されることになるため、嫡出推定の重複により父が定まらない事態は生じないこととなる。

つまりは女性について再婚禁止期間の定めを置く必要はないということになるのである。

なお、要綱案では、女性に係る再婚禁止期間の廃止について、民法第733条を削除することとした上で、それに伴う関連規定の整序についても触れている。

ともあれ、いろいろ批判のあった再婚禁止期間の廃止が現実味を帯びてきたことは間違いない。要綱案に基づき法案化の作業も近々にはなされるであろうし、国会に提出されて早期に成立することを期待したい。

2　夫婦の氏をめぐって（選択的夫婦別姓制度導入の行方）

⑴　序　論

私が「夫婦別氏論と戸籍問題」（ぎょうせい）を公刊したのは、1990年（平成２年）であった。その「はしがき」の一部に次のようなことを記している。「わが国では【価値観の多様化】というコンセプトが濫用されている割には、価値観の多様化の【受容】という現象が、とりわけ人々の意識の上でも法文化の面でも不十分であると思われる。いうまでもないことであるが、近代の人権思想の基礎をなすのは、個の尊厳の理論である。その確立のためには人々は、受益本位の【人権意識】から脱却するという意識改革が求められていると同時に、国家にもまた、必要以上に、個人の利益を正当化根拠とするパターナリスティックな規制の姿勢を避けることが求められているといえよう。夫婦の氏とこれに関連する問題の処理は、その意味で格好の試練材料を提供するものである。」と。今仮に同じ書物を上梓するとしても同じことを書くのではないかと溜息をついている。本書については当時東京大学の民法学の泰斗であられた故星野英一教授に過分な評価をしていただいたのが忘れられない。もっとも教授から直接言葉をいただいたのではなく、教授がある講演会で私の著書を取り上げて評価していただいたということである。その講演録がある雑誌に掲載されその内容を確認したものである。夫婦の氏の在り方等について選択的夫婦別姓の問題も含めて戸籍との関連を意識しつつ夫婦の氏の「あるべき姿」について持論を展開したものである。以来もう30年以上が経過している。今もって選択的夫婦別姓制度の導入は道半ばの様相を呈していることに率直に言って驚きの感を抱いている。

憲法第24条の「家庭生活における個人の尊厳と両性の平等」に関する法文の中にある「配偶者の選択、財産権、相続、住居の選択、離婚並びに婚姻及び家族に関するその他の事項に関しては、**法律は、個人の尊厳と両性の本質的平等に立脚して、制定されなければならない。**」という法文を素直に読めば、現行民法の夫婦の氏に関する基本規定が個人の尊厳と両性の本質的平等という憲法理念とはかなり乖離しているのではないかという疑問を感じるのは極めて自然なことではないだろうか。この問題は「個人の尊厳」が最大のキーワードであると考えている。以下において、必ずしも系統的ではないが、選択的夫婦別姓制度の早期実現に向けての視点からの私見を述べてみたい。

⑵　夫婦の氏に関する現行民法の規定

昭和23（1948）年１月１日から施行されたいわゆる改正民法によって、夫婦の「氏」に関する制度は根本的に改められた。個人の尊厳と男女の本質的平等という新憲法の理念に基づいて、この理念と相反する「家」制度、戸主制度は当然のことながら、排斥されたが、その際「氏」をどうするかは、極めて大きな問題であった。夫婦の「氏」に関する改正規定つまり、現行の民法第750条は、「夫婦は、婚姻の際に定めるところに従い、夫又は妻の氏を称する」というように改められたが、この規定に落ち着くまでにはかなり紆余曲折があったようである。

例えば、昭和21（1946）年７月の民法改正要綱起草委員第二次案では、「妻は夫の姓を称すること、但し当事者の意思に依り夫が妻の姓を称するを妨げざるものとすること」という表現になり、それが同年８月の民法改正要綱案では「夫婦は共に夫の氏を称するものとすること、但し入夫婚姻に該る場合に於いて当事者の意思に依り妻の氏を称するを妨げざるものとすること」となり、また、「姓」が「氏」に変えられた。さらに昭和22（1947）年３月の民法改正第

６次案では、「夫婦ハ共ニ夫ノ氏ヲ称ス但当事者カ婚姻ト同時ニ反対ノ意思ヲ表示シタルトキハ妻ノ氏ヲ称ス」とされていた。このプロセスの一端からも窺えるように、改正民法の立法作業の段階では「夫」中心の考え方がいまだ強く残っていたようである。しかし、こうした考え方は当時の占領軍司令部による両性の平等に反するのではないかという観点からの批判もあり現行法の規定になったものである。留意すべきは、新憲法の下においてもなお「夫」中心の考え方が委員の間においてかなり強く残っていたという点である。

この改正民法案が国会で可決されたとき、「本法は可及的速やかに、将来において、さらに改正する必要があることを認める」との附帯決議がなされていたが、民法第750条に関する限り見直しの対象にはなっても見直しが実現することはなかった。

民法第750条の夫婦同氏の原則により、婚姻しようとするカップルは、例えば岸田太郎と泉花子が婚姻しようとすれば、夫婦としての氏は必ず岸田か泉のいずれかを選択しなければならず第三の氏（岸田・泉以外の氏）を称することはできない。ということは、婚姻に際して夫又は妻の一方は必ずそれまで称していた岸田又は泉の氏を称することは出来なくなるのである。つまり、夫婦の一方にとって、婚姻は「生来の氏」との別れの機会となっているのである。

⑶　夫婦同氏原則の妥当性をめぐって

夫婦同氏原則については、その妥当性をめぐって議論が活発である。その背景にはいくつかのものがあり得るが、ここでは二つの点について触れておこう。

一つは、夫婦同氏がもたらす社会生活上被る不利益に関わる問題である。今日においても婚姻に際して氏を変更しているのはほとんど女性側である。今日のように女性の社会進出が進み、婚姻後も仕事を続ける女性が極めて多くの割合を占めるようになると、婚姻により氏を変更することによる多くの不利益を女性側にもたらすことにつながることになる。こうした女性の社会進出は一時的なものではなく、社会にとって恒常的・継続的かつ発展的なものとなっている。まさに男女共同参画社会の実現でありそれが拡大する傾向にあるのである。こうした状況は、婚姻に際して圧倒的な割合で女性が氏を改めているという現実が提起する女性への不利益の増大を意味するものであり、それはどのような意味においても正当化されてはならない事柄であろう。

今一つは「氏」の人格的利益に関わる問題である。氏を含む氏名は、個人のアイデンティティに関わる問題である。よく、選択的夫婦別姓制度の議論をするときに、婚姻後も通称使用を認めればよいと主張する見解がある。しかし、この見解は「氏」のアイデンティティにこだわる人々にとっては通称使用が婚姻による氏の変更がもたらす不利益の解消に役立つものではないことに留意すべきであろう。氏名を人格権の一内容とした次の最高裁判決の内容は十分に吟味されるべきであろう。最高裁判決昭和63年２月16日（民集42巻２号27頁）は、「**氏名は、社会的にみれば、個人を他人から識別し特定する機能を有するものであるが、同時に、その個人からみれば、人が個人として尊重される基礎であり、その個人の人格の象徴であつて、人格権の一内容を構成するものというべきである**」としている。つまり、氏名を人格権としての性格を有するものと是認しているわけである。

さらに、最高裁判決平成27年12月16日（民集69巻８号2586頁）は、夫婦同氏制を定める民法750条は、憲法13条・14条１項・24条に違反しないとの判断を示したが、同時に、法廷意見（最高裁判所の裁判書において「補足意見」のみが付されている場合に全員一致の意見を法廷意見と呼ぶ）においても、「**氏が、名とあいまって、個人を他人から識別し特定する機能を有するほか、人が個人として尊重される基礎であり、その個人の人格を一体として示すものでもあることから、氏を改める者にとって、そのことによりいわゆるアイデンティティの喪失感を抱いたり、従前の氏を使用する中で形成されてきた他人から識別し特定される機能が阻害される不利益や、個人の信用、評価、名誉感情等にも影響が及ぶという不利益が生じたりすることがあることは否定できず、特に、近年、晩婚化が進み、婚姻前の氏を使用する中で社会的な地位や業績が築かれる期間が長くなっていることから、婚姻に伴い氏を改めることにより不利益を被る者が増加してきていることは容易にうかがえる**」、「**氏の選択に関し、これまでは夫の氏を選択する夫婦が圧倒的多数を占めている状況にあることに鑑みる**

と、この現状が、夫婦となろうとする者双方の真に自由な選択の結果によるものかについて留意が求められるところであり、仮に、社会に存する差別的な意識や慣習による影響があるのであれば、その影響を排除して夫婦間に実質的な平等が保たれるように図ることは、憲法14条１項の趣旨に沿うものであるといえる。そして、この点は、氏を含めた婚姻及び家族に関する法制度の在り方を検討するに当たって考慮すべき事項の一つというべきである」。注目すべき所論というべきであろう。とりわけ、現在の圧倒的に多い夫の氏の選択の背景にメスを入れる必要を説いている点は画期的なものであり、そのような視点を貫いた夫婦の氏に関する法制の改革の実現を心から期待するものである。なお、本項の記述に当たっては同一内容の文章が繰り返されることがあるのであらかじめご了承願いたい。

⑷　「夫婦の氏」に関する立法化への動き

法務省においては、平成３年から法制審議会民法部会（身分法小委員会）において、婚姻制度等見直し審議を行っていた。平成７年９月には「婚姻制度等の見直し審議に関する中間報告」を公表した。ここでは、婚姻及び離婚に関する制度全般並びに嫡出でない子の相続分に関する制度の見直しのための検討作業が行われた。そして、平成８年２月に、法制審議会が「民法の一部を改正する法律案要綱」を答申した。この要綱においては、「選択的夫婦別氏制度」の導入が提言されていた。この答申を受けて、法務省においては、平成８年及び平成22年にそれぞれ改正法案を準備したが、国民の間に様々な意見があること等から、いずれも国会に提出するには至らなかった。

平成８年も平成22年も国会提出寸前まで進行しながら国会審議にまで至らなかったのは大変残念なことであったが、選択的夫婦別氏制を採用した場合の法案の内容が明らかになったのは大きな意義があったというべきであろう。人々の関心は選択的夫婦別氏制の導入に賛成であれ、反対あれ、具体的な法案の中身が不明である間は改正内容の具体像についてなにか漠として隔靴掻痒の感を禁じ得なかったのではないかと思われる。

ちなみに平成22年に準備された改正法案（氏に関する部分）の骨子を紹介し

ておこう。

第１　夫婦の氏

（現行法）

第750条　夫婦は、婚姻の際に定めるところに従い、夫又は妻の氏を称する。

（改正法案）

第750条　夫婦は、婚姻の際に定めるところに従い、夫若しくは妻の氏を称し、又は各自の婚姻前の氏を称する。

２　夫婦が各自の婚姻前の氏を称する旨の定めをするときは、夫婦は、婚姻の際に、夫又は妻の氏を子が称すべき氏として定めなければならない。

この改正法案は、上記の条項以外に、子の氏、子の氏の変更、養子の氏等についても明らかにしているが、ここでは触れないことにする。夫婦の称する氏の基本規定に限定しておきたい。念のために前記改正法案の第750条について簡単にその意味するところを説明しておこう。

まず第750条の１項前段の意味である。ここは、現行法と同じで、たとえば、岸田太郎と泉花子が婚姻するときは、婚姻後にこの夫婦の称する氏を夫の氏（岸田）とするか、妻の氏（泉）とするかを決めなければならないということである。つまり婚姻後の夫婦同氏を選択する場合である。

１項の後段の意味は、婚姻後も各自の婚姻前に称していた氏を称することである。夫は婚姻後も「岸田」を称し、妻は婚姻後も「泉」を称するということである。つまりは夫と妻は婚姻後も婚姻前に称していた氏を称し、婚姻の前後を通じて氏に変動はないということである。これがいわゆる**選択的夫婦別氏制**というわけである。

そこで次に問題となるのがこの夫婦に子が生まれた時にその子の称する氏をどうするかということである。少なくとも、子の称すべき氏としては父の氏

「岸田」と母の氏「泉」の二つが理論的には存在する。可能ならば、子が出生した時点で自動的に確定できるのが望ましい。そこで、２項は、別氏制を選択した夫婦は、婚姻の際に、夫（岸田）又は妻（泉）の氏を子の称すべき氏として定めなければならない、としたのである。つまり、私たち夫婦に子が生まれた時は、その子の称すべき氏は「岸田」と定めるか、「泉」と定めるかしなければならないとするものである。それを婚姻届の際に決めておかなければならない、とするものである。これが基本的規定ということになるわけである。その結果、この夫婦から生まれる子はすべて父の氏（岸田）か母の氏（泉）に統一されることになるわけである。つまり、この夫婦間に生まれた子は全員同じ氏を名乗ることになるわけである。もっとも、別氏夫婦の子は、いったん決まった氏を変更することができないのかという問題については「特別の事情の存在」と「家庭裁判所の許可」があれば変更は可能となるような案が考えられているようではある。夫婦が婚姻に際し、別氏制を選択した場合の、その夫婦間に生まれた子の称する氏については意外と関心が高いようである。親の一方とは氏を異にすることになり、それが子にとって問題になるのではないかという危惧である。しかし、ここはそんなに心配する必要はないであろう。仮にそのような内容の改正が実現したとしても、それはたまたまそういう事例がなかった故の取りこし苦労に過ぎないだけの話であって意外とすんなり社会に溶け込むのではなかろうか。

以上が平成22年に準備された改正法案のうちの民法750条に関するものである。将来現実に選択的夫婦別氏制が立法化されるときにこの案と同じ内容になるかどうかはわからない。しかし、おそらく同内容のものになると思われる。選択的夫婦別氏制の意義をこの改正法案以外のもので表すことはほとんどあり得ないと思われるからである。

私はこの平成22年の夫婦の氏に関する改正案には全く賛成であり、その根拠は一重に憲法第24条の「家族生活における個人の尊厳と両性の本質的平等」の実現にあると考えているからである。これについては次項でもう少し触れておきたい。

⑸　平成８年法制審議会答申の経緯

法務省の法制審議会が平成８年１月に作成し公表した民法改正要綱は、民法のうち、婚姻・離婚法制に関して根本的な改正を目指すものであった。例えば、婚姻年齢の男女平等化、女性の再婚禁止期間の短縮、選択的夫婦別氏制度の導入、離婚の際の財産分与のルールの明確化、嫡出でない子の相続分の平等化等だ。留意すべきは今挙げたテーマのほとんどは既に立法化の手当がされており、いまだに実現に至っていないのは選択的夫婦別氏制度のみと言ってもよいのである。

ところで、この民法改正要綱は法務省独自の発案によって作成されたものではなく、1970年代に始まった国連の主導によるものとされている。国連は、加盟各国において女性の地位向上のための様々な施策・制度を採るべきであるとの観点から、1975年を「国際婦人年」とすることを提唱し、さらにこの年から続く10年を「国連婦人の10年」として、世界的な規模での女性の地位向上の運動を展開した。その流れの一端で1979年の国連総会では女子差別撤廃条約が締結された。この国連の方針を受けて、我が国でも、1979年に、当時の総理府に「婦人問題企画推進本部」が設置され、これが現在の男女共同参画推進本部である。この推進本部が、1977（昭和52）年に女性の地位向上のための「国内行動計画」を策定した。この計画に基づいていろいろな施策が実行された。そして、1991（平成３）年にこの行動計画が改訂された際に、「地域社会及び家庭生活における男女共同参画促進」のための具体的政策として、「夫婦の氏や待婚期間の在り方等を含む婚姻及び家族に関する法制について、男女平等の見地から見直すこと」という課題が新たに設定された。そして、法務省がこれを担当することとされたのである。つまり、選択的夫婦別氏制の検討は内閣が取り組むべき課題と位置づけられていたわけである。

このような経緯を経て、法務大臣の諮問機関である法制審議会が1991（平成３）年から審議を開始し、約５年の期間をかけて1996（平成８）年１月に民法改正要綱を作成し、法務大臣に答申したのである。この答申の中に前記の選択的夫婦別氏制も含まれているのは当然である。この５年の審議検討の期間内に

３回にわたり関係各界の意見聴取もした。選択的夫婦別氏制の採用というテーマに関しては、大多数の意見は、何らかの形で、夫婦が婚姻前の氏を称して婚姻することができる制度を導入すべきであるというものであったようであり、その理由は、氏が個人として尊重される基礎であり、個人の人格権の一部であるから、婚姻によってこれを改めなければならないとすることは人格権の侵害につながるというものであったという。また、これら以外の理由としては、憲法が保障する個人の尊厳・個人の幸福追求権が尊重されなければならない、あるいは、婚姻によって氏を変更しなればならない人の経済的・精神的損害には無視できないものがある等の理由が有力であったとされている。いずれも正鵠を射る理論的根拠というべきであろう。

他方、少数ながら、選択的夫婦別氏制の採用に反対する意見ももちろんあった。その根幹となる理由は、夫婦同氏は明治以来の我が国の伝統であり、我が国社会に定着し、夫婦・親子の一体感を確保する上で、重要な役割を果たしているというものであったようである。この意見もこの問題の当初から一貫してなされている主張である。しかし、家族の一体感とはなんであろうか。説得力のある具体的反対根拠を示すことができないときに往々にしてなされる意見のタイプの一つであろう。明治憲法的感覚から抜け切れない人々の主張というべきであろう。

以上、平成８年の民法改正要綱の内容とその作成経緯について触れてきたが、これを基にした選択的夫婦別氏制導入の立法化が頓挫したことは大変残念なことであった。もう一度仕切り直しの上、基本的には平成22年に準備された民法改正案（氏に関する部分）と同じ内容の法案が提出されることを心から期待している。あの改正法案の選択的夫婦別氏制の内容について何か問題があるだろうか。誰も困ることはない。誰にも迷惑かけるわけでもない。この問題の核心は、国民の間に、「自分は夫婦同氏を支持するけれども、他の人が選択的夫婦別氏制を選ばれるならその考えを尊重する」という考えを受容できる人がどれだけ拡大するかにある点も重要な視点の一つであると思う。この問題は、人権後進国のリトマス試験紙でもあるのである。

なお、本項目の記述に当たっては、2020（令和２）年２月14日に超党派有志勉強会における弁護士の小池信行氏（元法務省民事局参事官）の講演内容を参考にさせていただいた。

(6)　夫婦同氏制を合憲とした二つの最高裁判決（決定）

民法の規定する夫婦同氏制（民法750条）の規定をめぐってはその違憲性が司法の場でも争われている。このうち、平成27年12月16日と令和３年６月23日にそれぞれ最高裁大法廷は民法第750条の規定は合憲であるとする判断を示している。本項ではこの二つの最高裁判決（決定）について違憲論の主張内容も含めて最高裁判所の判断内容を紹介することにしよう。

※平成27年12月16日最高裁判所大法廷判決について

本件の事実関係は以下のとおりである。本件は４組のカップル（①婚姻の際夫の氏を称すると定めたが、通称の氏を使用していたケース、②婚姻の際夫の氏を称すると定めたが、協議上の離婚をした。その後、再度婚姻届けを提出したが、婚姻後の氏の選択がされていないとして不受理とされたケース、③④は実質的には①のケースと同様であるとみてよい。）が、夫婦が婚姻の際に定めるところに従い夫又は妻の氏を称すると定める民法750条の規定は憲法13条、14条１項、24条１項及び２項等に違反すると主張し、本件規定（民法750条）を改廃する立法措置をとらないという立法不作為の違法を理由に、被上告人（国）に対し、国家賠償法１条１項に基づき損害賠償を求めた事案である。

以下、上告人側の主張に対する最高裁の判断を上告理由の項目別に紹介していくことにしよう。

憲法13条（すべて国民は、個人として尊重される。生命、自由及び幸福追求に対する国民の権利については、公共の福祉に反しない限り、立法その他の国政の上で、最大の尊重を必要とする）違反の主張について

1　論旨は、本件規定が、憲法上の権利として保障される人格権の一内容である「氏の変更を強制されない自由」を不当に侵害し、憲法13条に違反する旨をいうものである。

2(1)　氏名は、社会的にみれば、個人を他人から識別し特定する機能を有するものであるが、同時に、その個人からみれば、人が個人として尊重される基礎であり、その個人の人格の象徴であって、人格権の一内容を構成するものというべきである（最高裁昭和58年(オ)第1311号同63年２月16日第三小法廷判決・民集42巻２号27頁参照)。

(2)　しかし、氏は、婚姻及び家族に関する法制度の一部として法律がその具体的な内容を規律しているものであるから、氏に関する上記人格権の内容も、憲法上一義的に捉えられるべきものではなく、憲法の趣旨を踏まえつつ定められる法制度をまって初めて具体的に捉えられるものである。

したがって、具体的な法制度を離れて、氏が変更されること自体を捉えて直ちに人格権を侵害し、違憲であるか否かを論ずることは相当ではない。

(3)　そこで、民法における氏に関する規定を通覧すると、人は、出生の際に、嫡出である子については父母の氏を、嫡出でない子については母の氏を称することによって氏を取得し（民法790条)、婚姻の際に、夫婦の一方は、他方の氏を称することによって氏が改められ（本件規定)、離婚や婚姻の取消しの際に、婚姻によって氏を改めた者は婚姻前の氏に復する（同法767条１項、771条、749条）等と規定されている。また、養子は、縁組の際に、養親の氏を称することによって氏が改められ（同法810条)、離縁や縁組の取消しによって縁組前の氏に復する（同法816条１項、808条２項）等と規定されている。

これらの規定は、氏の性質に関し、氏に、名と同様に個人の呼称としての意義があるものの、名とは切り離された存在として、夫婦及びその間の未婚の子や養親子が同一の氏を称するとすることにより、社会の構成要素である家族の呼称としての意義があるとの理解を示しているものといえる。そして、家族は社会の自然かつ基礎的な集団単位であるから、このように個人の呼称の一部である氏をその個人の属する集団を想起させるものとして一つに定めることにも合理性があるといえる。

⑷　本件で問題となっているのは、婚姻という身分関係の変動を自らの意思で選択することに伴って夫婦の一方が氏を改めるという場面であって、自らの意思に関わりなく氏を改めることが強制されるというものではない。

氏は、個人の呼称としての意義があり、名とあいまって社会的に個人を他人から識別し特定する機能を有するものであることからすれば、自らの意思のみによって自由に定めたり、又は改めたりすることを認めることは本来の性質に沿わないものであり、一定の統一された基準に従って定められ、又は改められるとすることが不自然な取扱いとはいえないところ、上記のように、氏に、名とは切り離された存在として社会の構成要素である家族の呼称としての意義があることからすれば、氏が、親子関係など一定の身分関係を反映し、婚姻を含めた身分関係の変動に伴って改められることがあり得ることは、その性質上予定されているといえる。

⑸　以上のような現行の法制度の下における氏の性質等に鑑みると、婚姻の際に「氏の変更を強制されない自由」が憲法上の権利として保障される人格権の一内容であるとはいえない。本件規定は、憲法13条に違反するものではない。

3　もっとも、上記のように、氏が、名とあいまって、個人を他人から識別し特定する機能を有するほか、人が個人として尊重される基礎であり、その個人の人格を一体として示すものでもあることから、氏を改める者にとって、そのことによりいわゆるアイデンティティの喪失感を抱いたり、従前の氏を使用する中で形成されてきた他人から識別し特定される機能が阻害される不利益や、個人の信用、評価、名誉感情等にも影響が及ぶという不利益が生じたりすることがあることは否定できず、特に、近年、晩婚化が進み、婚姻前の氏を使用する中で社会的な地位や業績が築かれる期間が長くなっていることから、婚姻に伴い氏を改めることにより不利益を被る者が増加してきていることは容易にうかがえるところである。

これらの婚姻前に築いた個人の信用、評価、名誉感情等を婚姻後も維持する利益等は、憲法上の権利として保障される人格権の一内容であるとまではいえないものの、後記のとおり、氏を含めた婚姻及び家族に関する法制度の在り方を検討するに当たって考慮すべき人格的利益であるとはいえるのであり、憲法24条の認める立法裁量の範囲を超えるものであるか否かの検討に当たって考慮すべき事項であると考えられる。

憲法14条１項（すべて国民は、法の下に平等であって、人種、信条、性別、社会的身分又は門地により、政治的、経済的又は社会的関係において、差別されない。）に違反する旨をいう部分について

1　論旨は、本件規定が、96％以上の夫婦において夫の氏を選択するという性差別を発生させ、ほとんど女性のみに不利益を負わせる効果を有する規定であるから、憲法14条１項に違反する旨をいうものである。

2　憲法14条１項は、法の下の平等を定めており、この規定が、事柄の性質に応じた合理的な根拠に基づくものでない限り、法的な差別的取扱いを禁止する趣旨のものであると解すべきことは、当裁判所の判例とするところである（最高裁昭和37年(オ)第1472号同39年５月27日大法廷判決・民集18巻４号676頁、最高裁昭和45年(あ)第1310号同48年４月４日大法廷判決・刑集27巻３号265頁）。

そこで検討すると、本件規定は、夫婦が夫又は妻の氏を称するものとしており、夫婦がいずれの氏を称するかを夫婦となろうとする者の間での協議に委ねているのであって、その文言上性別に基づく法的な差別的取扱いを定めているわけではなく、本件規定の定める夫婦同氏制それ自体に男女間の形式的な不平等が存在するわけではない。我が国において、夫婦となろうとする者の間の個々の協議の結果として夫の氏を選択する夫婦が圧倒的多数を占めることが認められるとしても、それが、本件規定の在り方自体から生じた結果であるということはできない。

したがって、本件規定は、憲法14条１項に違反するものではない。

3　もっとも、氏の選択に関し、これまでは夫の氏を選択する夫婦が圧倒的多数を占めている状況にあることに鑑みると、この現状が、夫婦となろうとする者双方の真に自由な選択の結果によるものかについて留意が求められるところであり、仮に、社会に存する差別的な意識や慣習による影響があるのであれば、その影響を排除して夫婦間に実質的な平等が保たれるように図ることは、憲法14条１項の趣旨に沿うものであるといえる。そして、この点は、氏を含めた婚姻及び家族に関する法制度の在り方を検討するに当たって考慮すべき事項の一つというべきであり、後記の憲法24条の認める立法裁量の範囲を超えるものであるか否かの検討に当たっても留意すべきものと考えられる。

憲法24条（婚姻は、両性の合意のみに基づいて成立し、夫婦が同等の権利を有することを基本として、相互の協力により、維持されなければならない。②配偶者の選択、財産権、相続、住居の選定、離婚並びに婚姻及び家族に関するその他の事項に関しては、法律は、個人の尊厳と両性の本質的平等に立脚して、制定されなければならない。）に違反する旨をいう部分について

1　論旨は、本件規定が、夫婦となろうとする者の一方が氏を改めることを婚姻届出の要件とすることで、実質的に婚姻の自由を侵害するものであり、また、国会の立法裁量の存在を考慮したとしても、本件規定が個人の尊厳を侵害するものとして、憲法24条に違反する旨をいうものである。

2⑴　憲法24条は、１項において、「婚姻は、両性の合意のみに基いて成立し、夫婦が同等の権利を有することを基本として、相互の協力により、維持されなければならない。」と規定しているところ、これは、婚姻をするかどうか、いつ誰と婚姻をするかについては、当事者間の自由かつ平等な意思決定に委ねられるべきであるという趣旨を明らかにしたものと解される。

本件規定は、婚姻の効力の一つとして夫婦が夫又は妻の氏を称することを定めたものであり、婚姻をすることについての直接の制約を定めたものではない。仮に、婚姻及び家族に関する法制度の内容に意に沿わないところがあることを理由として婚姻をしないことを選択した者がいるとしても、これをもって、直ちに上記法制度を定めた法律が婚姻をすることについて憲法24条１項の趣旨に沿わない制約を課したものと評価することはできない。ある法制度の内容により婚姻をすることが事実上制約されることになっていることについては、婚姻及び家族に関する法制度の内容を定めるに当たっての国会の立法裁量の範囲を超えるものであるか否かの検討に当たって考慮すべき事項であると考えられる。

⑵　憲法24条は、２項において「配偶者の選択、財産権、相続、住居の選定、離婚並びに婚姻及び家族に関するその他の事項に関しては、法律は、個人の尊厳と両性の本質的平等に立脚して、制定されなければならない。」と規定している。

婚姻及び家族に関する事項は、関連する法制度においてその具体的内容が定められていくものであることから、当該法制度の制度設計が重要な意味を持つものであるところ、憲法24条２項は、具体的な制度の構築を第一次的には国会の合理的な立法裁量に委ねるとともに、その立法に当たっては、同条１項も前提としつつ、個人の尊厳と両性の本質的平等に立脚すべきであるとする要請、指針を示すことによって、その裁量の限界を画したものといえる。

そして、憲法24条が、本質的に様々な要素を検討して行われるべき立法作用に対してあえて立法上の要請、指針を明示していることからすると、その要請、指針は、単に、憲法上の権利として保障される人格権を不当に侵害するものでなく、かつ、両性の形式的な平等が保たれた内容の法律が制定されればそれで足りるというものではないのであって、憲法上直接保障された権利とまではいえない人格的利益をも尊重すべきこと、両性の実質的な平等が保たれるように図ること、婚姻制度の内容により婚姻をすることが事実上不当に制約されることのないように図ること等についても十分に配慮した法律の制定を求めるものであり、この点でも立法裁量に限定的な指針を与えるものといえる。

3(1)　他方で、婚姻及び家族に関する事項は、国の伝統や国民感情を含めた社会状況における種々の要因を踏まえつつ、それぞれの時代における夫婦や親子関係についての全体の規律を見据えた総合的な判断によって定められるべきものである。特に、憲法上直接保障された権利とまではいえない人格的利益や実質的平等は、その内容として多様なものが考えられ、それらの実現の在り方は、その時々における社会的条件、国民生活の状況、家族の在り方等との関係において決められるべきものである。

(2)　そうすると、憲法上の権利として保障される人格権を不当に侵害して憲法13条に違反する立法措置や不合理な差別を定めて憲法14条1項に違反する立法措置を講じてはならないことは当然であるとはいえ、憲法24条の要請、指針に応えて具体的にどのような立法措置を講ずるかの選択決定が上記(1)のとおり国会の多方面にわたる検討と判断に委ねられているものであることからすれば、婚姻及び家族に関する法制度を定めた法律の規定が憲法13条、14条1項に違反しない場合に、更に憲法24条にも適合するものとして是認されるか否かは、当該法制度の趣旨や同制度を採用することにより生ずる影響につき検討し、当該規定が個人の尊厳と両性の本質的平等の要請に照らして合理性を欠き、国会の立法裁量の範囲を超えるものとみざるを得ないような場合に当たるか否かという観点から判断すべきものとするのが相当である。

4　以上の観点から、本件規定の憲法24条適合性について検討する。

(1)ア　婚姻に伴い夫婦が同一の氏を称する夫婦同氏制は、旧民法（昭和22年法律第222号による改正前の明治31年法律第9号）の施行された明治31年に我が国の法制度として採用され、我が国の社会に定着してきたものである。前記のとおり、氏は、家族の呼称としての意義があるところ、現行の民法の下においても、家族は社会の自然かつ基礎的な集団単位と捉えられ、その呼称を一つに定めることには合理性が認められる。

そして、夫婦が同一の氏を称することは、上記の家族という一つの集団を構成する一員であることを、対外的に公示し、識別する機能を有している。特に、婚姻の重要な効果として夫婦間の子が夫婦の共同親権に服する嫡出子となるということがあるところ、嫡出子であることを示すために子が両親双方と同氏である仕組みを確保することにも一定の意義があると考えられる。また、家族を構成する個人が、同一の氏を称することにより家族という一つの集団を構成する一員であることを実感することに意義を見いだす考え方も理解できるところである。さらに、夫婦同氏制の下においては、子の立場として、いずれの親とも等しく氏を同じくすることによる利益を享受しやすいといえる。

加えて、前記のとおり、本件規定の定める夫婦同氏制それ自体に男女間の形式的な不平等が存在するわけではなく、夫婦がいずれの氏を称するかは、夫婦となろうとする者の間の協議による自由な選択に委ねられている。

イ　これに対して、夫婦同氏制の下においては、婚姻に伴い、夫婦となろうとする者の一方は必ず氏を改めることになるところ、婚姻によって氏を改める者にとって、そのことによりいわゆるアイデンティティの喪失感を抱いたり、婚姻前の氏を使用する中で形成してきた個人の社会的な信用、評価、名誉感情等を維持することが困難になったりするなどの不利益を受ける場合があることは否定できない。そして、氏の選択に関し、夫の氏を選択する夫婦が圧倒的多数を占めている現状からすれば、妻となる女性が上記の不利益を受ける場合が多い状況が生じているものと推認できる。さらには、夫婦となろうとする者のいずれかがこれらの不利益を受けることを避けるために、あえて婚姻をしないという選択をする者が存在することもうかがわれる。

しかし、夫婦同氏制は、婚姻前の氏を通称として使用することまで許さないというものではなく、近時、婚姻前の氏を通称として使用することが社会的に広まっているところ、上記の不利益は、このような氏の通称使用が広まることにより一定程度は緩和され得るものである。

ウ　以上の点を総合的に考慮すると、本件規定の採用した夫婦同氏制が、夫婦が別の氏を称することを認めないものであるとしても、上記のような状況の下で直ちに個人の尊厳と両性の本質的平等の要請に照らして合理性を欠く制度であるとは認めることはできない。したがって、本件規定は、憲法24条に違反するものではない。

⑵　なお、論旨には、夫婦同氏制を規制と捉えた上、これよりも規制の程度の小さい氏に係る制度（例えば、夫婦別氏を希望する者にこれを可能とするいわゆる選択的夫婦別氏制）を採る余地がある点についての指摘をする部分があるところ、上記⑴の判断は、そのような制度に合理性がないと断ずるものではない。上記のとおり、夫婦同氏制の採用については、嫡出子の仕組みなどの婚姻制度や氏の在り方に対する社会の受け止め方に依拠するところが少なくなく、この点の状況に関する判断を含め、この種の制度の在り方は、国会で論ぜられ、判断されるべき事柄にほかならないというべきである。

以上によれば、本件規定を改廃する立法措置をとらない立法不作為は、国家賠償法１条１項の適用上違法の評価を受けるものではない。上告人らの請求を棄却すべきものとした原審の判断は、是認することができる。論旨は採用することができない。

以上が判決の内容である。

多数意見は、夫婦同姓とし、かつ、例外を許さない民法750条は憲法に違反しないとした。この結論に同調したのは10名の裁判官である。全員男性である。これに対し、憲法24条に違反するとしたのは、５名の裁判官であった。このうち３名は女性の裁判官であった。

この判決についての感想は後程触れる予定であるが、ここでは岡部喜代子裁判官の意見を参考までに紹介する。同裁判官は、本件上告を棄却すべきとする多数意見の結論には賛成されているが、本件規定が憲法に違反するものではないとする説示には同調することはできないとして「意見」を述べられているがその見解には大いに首肯する部分があると考えるので少し長いが紹介することにしたい。

岡部喜代子裁判官の「意見」

1　本件規定の憲法24条適合性

⑴　本件規定の昭和22年民法改正時の憲法24条適合性

多数意見の述べるとおり、氏は個人の呼称としての意義があり、名とあいまって社会的に個人を他から識別し特定する機能を有するものである。そして、夫婦と親子という身分関係は、人間社会の最も基本的な社会関係であると同時に重要な役割を担っているものであり、このような関係を表象するために同一の氏という記号を用いることは一般的には合理的な制度であると考えられる。社会生活の上でその身分関係をある程度判断することができ、夫婦とその間の未成熟子という共同生活上のまとまりを表すことも有益である。

夫婦同氏の制度は、明治民法（昭和22年法律第222号による改正前の明治31年法律第９号）の下において、多くの場合妻は婚姻により夫の家に入り、家の名称である夫の氏を称することによって実現されていた。昭和22年法律第222号による民法改正時においても、夫婦とその間の未成熟子という家庭を念頭に、妻は家庭内において家事育児に携わるという近代的家族生活が標準的な姿として考えられており、夫の氏は婚姻によって変更されず妻の氏が夫と同一になることに問題があるとは考えられなかった。実際の生活の上でも、夫が生計を担い、妻はそれを助けあるいは家事育児を担うという態様が多かったことによって、妻がその氏を変更しても特に問題を生ずることは少なかったといえる。本件規定は、夫婦が家から独立し各自が独立した法主体として協議してどちらの氏を称するかを決定するという形式的平等を規定した点に意義があり、昭和22年に制定された当時としては合理性のある規定であった。したがって、本件規定は、制定当時においては憲法24条に適合するものであったといえる。

(2)　本件規定の現時点の憲法24条適合性

ア　ところが、本件規定の制定後に長期間が経過し、近年女性の社会進出は著しく進んでいる。婚姻前に稼働する女性が増加したばかりではなく、婚姻後に稼働する女性も増加した。その職業も夫の助けを行う家内的な仕事にとどまらず、個人、会社、機関その他との間で独立した法主体として契約等をして稼働する、あるいは事業主体として経済活動を行うなど、社会と広く接触する活動に携わる機会も増加してきた。そうすると、婚姻前の氏から婚姻後の氏に変更することによって、当該個人が同一人であるという個人の識別、特定に困難を引き起こす事態が生じてきたのである。そのために婚姻後も婚姻前の氏によって社会的経済的な場面における生活を継続したいという欲求が高まってきたことは公知の事実である。そして、識別困難であることは単に不便であるというだけではない。例えば、婚姻前に営業実績を積み上げた者が婚姻後の氏に変更したことによって外観上その実績による評価を受けることができないおそれがあり、また、婚姻前に特許を取得した者と婚姻後に特許を取得した者とが同一人と認識されないおそれがあり、あるいは論文の連続性が認められないおそれがある等、それが業績、実績、成果などの法的利益に影響を与えかねない状況となることは容易に推察できるところである。氏の第一義的な機能が同一性識別機能であると考えられることからすれば、婚姻によって取得した新しい氏を使用することによって当該個人の同一性識別に支障の及ぶことを避けるために婚姻前の氏使用を希望することには十分な合理的理由があるといわなければならない。このような同一性識別のための婚姻前の氏使用は、女性の社会進出の推進、仕事と家庭の両立策などによって婚姻前から継続する社会生活を送る女性が増加するとともにその合理性と必要性が増しているといえる。現在進行している社会のグローバル化やインターネット等で氏名が検索されることがあるなどの、いわば氏名自体が世界的な広がりを有するようになった社会においては、氏による個人識別性の重要性はより大きいものであって、婚姻前からの氏使用の有用性、必要性は更に高くなっているといわなければならない。我が国が昭和60年に批准した「女子に対するあらゆる形態の差別の撤廃に関する条約」に基づき設置された女子差別撤廃委員会からも、平成15年以降、繰り返し、我が国の民法に夫婦の氏の選択に関する差別的な法規定が含まれていることについて懸念が表明され、その廃止が要請されているところである。

イ　次に、氏は名との複合によって個人識別の記号とされているのであるが、単なる記号にとどまるものではない。氏は身分関係の変動によって変動することから身分関係に内在する血縁ないし家族、民族、出身地等当該個人の背景や属性等を含むものであり、氏を変更した一方はいわゆるアイデンティティを失ったような喪失感を持つに至ることもあり得るといえる。そして、現実に96%を超える夫婦が夫の氏を称する婚姻をしているところからすると、近時大きなものとなってきた上記の個人識別機能に対する支障、自己喪失感などの負担は、ほぼ妻について生じているといえる。夫の氏を称することは夫婦となろうとする者双方の協議によるものであるが、96%もの多数が夫の氏を称することは、女性の社会的経済的な立場の弱さ、家庭生活における立場の弱さ、種々の事実上の圧力など様々な要因のもたらすところであるといえるのであって、夫の氏を称することが妻の意思に基づくものであるとしても、その意思決定の過程に現実の不平等と力関係が作用しているのである。そうすると、その点の配慮をしないまま夫婦同氏に例外を設けないことは、多くの場合妻となった者のみが個人の尊厳の基礎である個人識別機能を損ねられ、また、自己喪失感といった負担を負うこととなり、個人の尊厳と両性の本質的平等に立脚した制度とはいえない。

ウ　そして、氏を改めることにより生ずる上記のような個人識別機能への支障、自己喪失感などの負担が大きくなってきているため、現在では、夫婦となろうとする者のいずれかがこれらの不利益を受けることを避けるためにあえて法律上の婚姻をしないという選択をする者を生んでいる。

本件規定は、婚姻の効力の一つとして夫婦が夫又は妻の氏を称することを定めたものである。しかし、婚姻は、戸籍法の定めるところにより、これを届け出ることによってその効力を生ずるとされ（民法739条１項）、夫婦が称する氏は婚姻届の必要的記載事項である（戸籍法74条１号）。したがって、現時点においては、夫婦が称する氏を選択しなければならないことは、婚姻成立に不合理な要件を課したものとして婚姻の自由を制約するものである。

エ　多数意見は、氏が家族という社会の自然かつ基礎的な集団単位の呼称であることにその合理性の根拠を求め、氏が家族を構成する一員であることを公示し識別する機能、またそれを実感することの意義等を強調する。私もそのこと自体に異を唱えるわけではない。しかし、それは全く例外を許さないことの根拠になるものではない。離婚や再婚の増加、非婚化、晩婚化、高齢化などにより家族形態も多様化している現在において、氏が果たす家族の呼称という意義や機能をそれほどまでに重視することはできない。世の中の家族は多数意見の指摘するような夫婦とその間の嫡出子のみを構成員としている場合ばかりではない。民法が夫婦と嫡出子を原則的な家族形態と考えていることまでは了解するとしても、そのような家族以外の形態の家族の出現を法が否定しているわけではない。既に家族と氏の結び付きには例外が存在するのである。また、多数意見は、氏を改めることによって生ずる上記の不利益は婚姻前の氏の通称使用が広まることによって一定程度は緩和され得るとする。しかし、通称は便宜的なもので、使用の許否、許される範囲等が定まっているわけではなく、現在のところ公的な文書には使用できない場合があるという欠陥がある上、通称名と戸籍名との同一性という新たな問題を惹起することになる。そもそも通称使用は婚姻によって変動した氏では当該個人の同一性の識別に支障があることを示す証左なのである。既に婚姻をためらう事態が生じている現在において、上記の不利益が一定程度緩和されているからといって夫婦が別の氏を称することを全く認めないことに合理性が認められるものではない。

オ　以上のとおりであるから、本件規定は、昭和22年の民法改正後、社会の変化とともにその合理性は徐々に揺らぎ、少なくとも現時点においては、夫婦が別の氏を称することを認めないものである点において、個人の尊厳と両性の本質的平等の要請に照らして合理性を欠き、国会の立法裁量の範囲を超える状態に至っており、憲法24条に違反するものといわざるを得ない。

以上が岡部裁判官の「意見」の主たる部分である。

判決全体に対する感想はこの次に紹介する令和３年６月23日の最高裁大法廷決定とセットで後程触れたいと考えている。

※令和３年６月23日最高裁判所大法廷決定について

令和３年６月23日、前回の同種事案に対する2015年大法廷判決から７年後に、夫婦別々の姓での婚姻は認められない、と家事審判で決定した。即ち再び夫婦同姓を定めた民法等の規定は憲法24条の「婚姻の自由」に違反しないと判断したのである。ここでは、本件決定の内容について紹介することにしたい。

抗告理由について

本件は、抗告人らが、婚姻届に「夫は夫の氏、妻は妻の氏を称する」旨を記載して婚姻の届出をしたところ、国分寺市長からこれを不受理とする処分(以下「本件処分」という。）を受けたため、本件処分が不当であるとして、戸籍法122条に基づき、同市長に上記届出の受理を命ずることを申し立てた事案である。本件処分は、上記届出が、夫婦が婚姻の際に定めるところに従い夫又は妻の氏を称するとする民法750条の規定及び婚姻をしようとする者が婚姻届に記載しなければならない事項として夫婦が称する氏を掲げる戸籍法74条１号の規定（以下「本件各規定」という。）に違反することを理由とするものであった。所論は、本件各規定が憲法14条１項、24条、98条２項に違反して無効であるなどというものである。

抗告理由に対する判断

「しかしながら、民法750条の規定が憲法24条に違反するものでないことは、当裁判所の判例とするところであり（最高裁平成26年(オ)第1023号同27年12月16日大法廷判決・民集69巻８号2586頁（以下「平成27年大法廷判決」という。)）、上記規定を受けて夫婦が称する氏を婚姻届の必要的記載事項と定めた戸籍法74条１号の規定もまた憲法24条に違反するものでないことは、平成27年大法廷判決の趣旨に徴して明らかである。平成27年大法廷判決以降にみられる女性の有業率の上昇、管理職に占める女性の割合の増加その他の社会の変化や、いわゆる選択的夫婦別氏制の導入に賛成する者の割合の増加その他の国民の意識の変化といった原決定が認定する諸事情等を踏まえても、平成27年大法廷判決の判断を変更すべきものとは認められない。憲法24条違反をいう論旨は、採用することができない。

なお、夫婦の氏についてどのような制度を採るのが立法政策として相当かという問題と、夫婦同氏制を定める現行法の規定が憲法24条に違反して無効であるか否かという憲法適合性の審査の問題とは、次元を異にするものである。本件処分の時点において本件各規定が憲法24条に違反して無効であるといえないことは上記のとおりであって、この種の制度の在り方は、平成27年大法廷判決の指摘するとおり、国会で論ぜられ、判断されるべき事柄にほかならないというべきである。

その余の論旨は、違憲をいうが、その実質は単なる法令違反を主張するもの又はその前提を欠くものであって、特別抗告の事由に該当しない。」

なお、この決定には３人の裁判官の反対意見があり、また、３人の裁判官の補足意見と１人の裁判官の意見があるほか裁判官全員一致の意見で主文のとおり決定されている。つまり、主文は本件抗告を棄却する、というものである。

⑺　二つの最高裁判決（決定）を読んで

どのような事案の判決であれ、その判決の結論への賛否は別として、論旨に非常に説得力があり、論理的な判決と他方で極めて形式的・観念的で結論ありき丸見えのタイプのものがある。本件二つの判決の多数意見は筆者にとってはいずれも後者に属するものである。

まず**平成27年12月16日の判決からみていこう**。本件は、「夫婦は、婚姻の際に定めるところに従い、夫又は妻の氏を称する」と定める民法750条の規定が、憲法13条、14条１項、24条、女性差別撤廃条約等に反するとして、原告（控訴人・上告人）が、これを改正しない国会の立法不作為に対する国家賠償を求めたものである。

最高裁の多数意見は、以下のように述べて、民法750条は憲法に違反しないとし、したがって国家賠償請求も認めなかった。

①　「本件で問題となっているのは、……自らの意思に関わりなく氏を改めることが強制されるというものではない。氏は……婚姻を含めた身分関係の変動に伴って改められることがあり得ることは、その性質上予定されているといえる」。「現行の法制度における氏の性質等に鑑みると、婚姻の際に『氏の変更を強制されない自由』が憲法上の権利として保障される人格権の一内容であるとはいえ」ず、「本件規定は、憲法13条に違反するものではない」。

②　「本件規定は、……夫婦がいずれの氏を称するかを夫婦となろうとする者の間の協議に委ねているのであって、その文言上性別に基づく法的な差別的

取扱いを定めているわけではなく」、「本件規定は、憲法14条１項に違反するものではない」。

③　「婚姻及び家族に関する法制度を定めた法律の規定が憲法13条、14条１項に違反しない場合に、更に憲法24条にも適合するものとして是認されるか否かは、当該法制度の趣旨や同制度を採用することにより生ずる影響につき検討し、当該規定が個人の尊厳と両性の本質的平等の要請に照らして合理性を欠き、国会の立法裁量の範囲を超えるものとみざるを得ないような場合に当たるか否かという観点から判断すべきものとするのが相当である」。

④　「現行の民法の下においても、家族は社会の自然かつ基礎的な集団単位と捉えられ、その呼称を一つに定めることには合理性が認められる」。「近時、婚姻前の氏を通称として使用することが社会的に広まっているところ」、夫婦同氏制に伴う「不利益は、このような氏の通称使用が広まることにより一定程度は緩和され得るものである」点などを総合的に考慮すると、夫婦同氏制が「直ちに個人の尊厳と両性の本質的平等の要請に照らして合理性を欠く制度であると認めることはでき」ず、「本件規定は、憲法24条に違反するものではない」。（裁判所ホームページより）

さて、本件判決は、上告人らが夫婦同氏制を定める民法750条の規定は、憲法13条、14条１項、24条１項２項に違反するとした主張に対し、上記のようにそれらの主張を全て退けたのである。

まず憲法13条違反の主張に対する説示部分を見てみよう。判旨は、民法における氏に関する規定を通覧し、民法上の氏のありようを分析した上、氏は名と切り離された存在として、夫婦及びその間の未婚の子や養親子が同一の氏を称することにより、社会の構成要素である家族の呼称としての意義があり、家族は社会の自然かつ基礎的な集団単位であるから、個人の呼称の一部である氏をその個人の属する集団を想起させるものとして一つに定めることにも合理性があるといえる。氏のこうした性質からすれば、氏が親子関係など一定の身分関係を反映し、婚姻を含めた身分関係の変動に伴って改められることがあり得ることは、その性質上予定されているといえる。このような氏の性質に鑑みると、

「婚姻の際に氏の変更を強制されない自由」が憲法上の権利として保障される人格権の一内容であるとはいえず、本件規定は、憲法13条に違反するものではないとする。

いくつか批判したい部分があるが、ここでは一点だけ触れておきたい、それは氏の人格権の位置づけについてである。氏が名と相まって、個人を他人から識別し特定する機能を有するほかに、人が個人として尊重される基礎であり、その個人の人格を一体として示すものであるから、氏を改める者にとって、氏を改めることによりいわゆるアイデンティティの喪失感を招いたり、従前の氏を使用する中で形成されてきた他人から識別し特定される機能が阻害される不利益、個人信用、評価、名誉感情等にも影響が及ぶという不利益が格段に保護されるべき憲法上の権利であるとするのは極めて自然かつ必要なことではないのか。判決も氏の変更による不利益に理解を示しつつ、「これらの婚姻前に築いた個人の信用、評価、名誉感情等を婚姻後も維持する利益等は、憲法上の権利として保障される人格権の一内容とまではいえない」という。なぜであろうか。それでは、憲法上保障される人格権とはどのような内実を含んだものをいうのか明示する必要があるのではないか。残念な見解というほかない。

次に**憲法14条違反の主張に対する説示をみてみよう**。

「本件規定は、夫婦が夫又は妻の氏を称するものとしており、夫婦がいずれの氏を称するかを夫婦となろうとする者の間での協議に委ねているのであって、その文言上性別に基づく法的な差別的取扱いを定めているわけではなく、本件規定の定める夫婦同氏制それ自体に男女間の形式的な不平等が存在するわけではない。我が国において、夫婦となろうとする者の個々の協議の結果として夫の氏を選択する夫婦が圧倒的な多数を占めることが認められるとしても、それが、本件規定の在り方自体から生じた結果であるということはできない。したがって、本件規定は、憲法14条１項に違反するものではない。」と説示する。

しかし、この解釈は極めて形式的で事柄の本質に迫る気概を感じない。確かに文言上は法的な差別的取扱いを定めているわけではない。しかし、例えば、ここでいう夫婦になろうとする者の協議などほとんど行われていないのが実態ではなかろうか。その協議をしない理由は「妻となる者」が氏を改めるのが当然と確信している「夫となる者」が圧倒的だからである。判決はそのような結果を生んでいるのは、本件規定の在り方自体から生じた結果であるということはできない、というが、それは形式的見方のなせる業であって、真因は本件規定の在り方から生じているとみるのが正当であろう。法律の条文は形式的にみて差別的規定であることが一般的に認識されなければ立法者は時として問題のある条文であることを認識しつつ立法に踏み切ることがあってもおかしくない。本件規定制定時に本件規定のような内容の立法がされたら、本当に夫婦となろうとする者が婚姻後に称する氏について真剣に真摯に協議を行うと考えていただろうか。多分答は否である。これは言い過ぎかも知れないが暗黙のうちに本件規定に基づき多くの場合「夫の氏」に決められると信じながらの立法ではなかったであろうか。戦後の民法改正の草案づくりの最後の段階でもまだ夫婦は「夫」の氏を称するという考えに染まったままの委員がかなりいたという事実もこれらを裏付けるように思われる。

このようにみてくると本件規定と国民の意識との間にはかなりの距離感があってもおかしくない。その距離感の差のもたらす問題をずっと放置してきたのが実情ではなかったのか。このような分析が誤りでなければ、本件規定は確かに形式的平等についてはこれを維持しているが、実質は男女の実質的・本質的平等を求める憲法の理念に即していないということが言えるのではなかろうか。法律はそれが正当に妥当に運用・適用されるためには、対象たる国民の意識なり、社会的状況が大きく作用する。その意味で本件規定は現在においても極めて深い問題を含んでいることを指摘したい。本件判決も補論的にこの点に関する問題意識についても触れているが、問題を将来に先送りするのではなく、果敢に論じて欲しかった。

最後は、**憲法24条違反の主張に対する説示である**。

ここでは２点のみ触れておこう。一つは、「夫婦同氏制は、旧民法の施行された明治31年我が国の法制度とし、採用され、我が国社会に定着しており、氏が、家族の呼称としての意義があるところ、現行の民法下においても、家族は社会の自然かつ基礎的な集団単位と捉えられ、その呼称を一つに定めることには合理性が認められる」とする点である。この記述は極めて不正確である。「婚姻に伴い夫婦が同一の氏を称する夫婦同氏制は、明治31年に我が国の法制度として採用され、我が国の社会に定着してきたもの」と判決はいうが、このような記述は婚姻による夫婦同氏制が明治民法により正面から法制度として認められたような誤解を生じる。明治民法が法制度として確立したのは「家」の制度であって夫婦同氏はその結果に過ぎないものである。言わずもがなのことではあるが、明治民法は746条で「戸主及ヒ家族ハ其ノ家ノ氏ヲ称ス」と規定し、同788条で「妻ハ婚姻ニ因リテ夫ノ家ニ入ル」とされたことによって、結果的に夫婦の氏が同じになったに過ぎない。本質は夫婦による「家」の氏の共同呼称であって決して「夫婦同氏制」などと法的に位置づけるべき性質のものではない。このようなものが定着してきたことがなぜ現行の夫婦同氏制を基礎づける材料になるのであろうか。

次に、通称使用の問題である。判決は、婚姻後の通称使用の広まりによって一定程度は改氏による不利益は緩和され得る、と言っているが、これはもう論外というべき論理である。婚姻後に一定範囲で通称使用が認められる場合も広まっているから、ある程度は改氏による不利益は緩和されるというような理由をつけて改氏による人格的利益の侵害を我慢しろと言わんばかりの論理である。このような態度こそ、憲法24条にいう「個人の尊厳と両性の本質的平等」という立法指針にもとる説示といわなければならない。通称で問題が解決するわけではないことは公知の事実である。通称使用は便宜的なもので、使用の許否、許される範囲が定まっているわけでもなく、現在のところ公的文書には使用できない場合があるなど欠陥も多い。これである程度緩和できるというのはほとんど説得力がない。

次に令和３年６月23日の決定をみてみよう。

令和３年の最高裁決定は、平成27年最高裁判決以後の社会情勢や国民の意識の変化等を受けて、平成27年の最高裁判決が変更されるのではないかとして注目が集まっていた。しかし、前記のとおり、最高裁は、民法750条に憲法違反はないとして、再度「合憲」であると判断した。念のため、多数意見の要旨を記しておこう。

①　「民法750条の規定が憲法24条に違反するものではないことは、当裁判所の判例とするところであり……上記規定を受けて夫婦が称する氏を婚姻届の必要的記載事項と定めた戸籍法74条１号の規定もまた憲法24条に違反するものではないことは、平成27年大法廷判決の趣旨に徴して明らかである。」

②　「平成27年大法廷判決以降にみられる女性の有業率の上昇、管理職に占める女性の割合の増加その他の社会の変化や、いわゆる選択的夫婦別氏制の導入に賛成する者の割合の増加その他の国民の意識の変化といった原決定が認定する諸事情等踏まえても、平成27年大法廷判決の判断を変更すべきものとは認められない。憲法24条違反をいう論旨は、採用することができない。」

③　「夫婦の氏についてどのような制度を採るのが立法政策として相当かという問題と、夫婦同氏制を定める現行法の規定が憲法24条に違反して無効であるか否かという憲法適合性の審査の問題とは、次元を異にするものである。」

「この種の制度の在り方は、平成27年大法廷判決の指摘するとおり、国会で論ぜられ、判断されるべき事柄にほかならないというべきである。」

この令和３年の最高裁決定は、基本的には、平成27年最高裁判決をそのまま踏襲したものと言える。平成27年から今回の決定までの５年の経過は多数意見派にとっては憲法判断に際して汲むべき事情の変化はなかったということであろう。

ただ、留意すべき説示もある。それは「夫婦の氏についてどのような制度を採るのが立法政策として相当かという問題と、夫婦同氏制を定める現行法の規定が憲法24条に違反して無効であるか否かという憲法適合性の審査の問題とは、次元を異にするものである。……この種の制度の在り方は、平成27年大法廷判決の指摘するとおり、国会で論ぜられ、判断されるべき事柄にほかならないというべきである。」

この指摘は立法機関である国会に対する姿勢を問うている極めて重要なものと言えよう。

(8)　司法の判断と国会の動向

夫婦同氏制を採用する現行民法750条の規定をめぐる訴訟は下級審においても多く取り扱われているが、やはり、重要な意味を持つのは最高裁の判断である。その最高裁が既に紹介したように平成27（2015）年12月に夫婦同氏制を採用する民法750条は合憲である旨の判断を示した。それから５年経過後の令和３（2021）年６月再び合憲の判断を出した。改氏による諸々の不利益、人格的不利益にとどまらず、経済的不利益も含めて、司法による救済を一日千秋の思いで待っていた人々にとっては、承服できない判決であったであろう。しかし、元最高裁判事であられた櫻井龍子氏によれば、令和３年の判決の結論はわかっていたとされる（令和３年８月５日付け朝日新聞「交論」）。前回の平成27年の判決からまだ５年ちょっとしか経過していないと。確かに最高裁が判例の変更をするのはかなりの期間を要しているのが一般である。判例の変更自体がそうあることではない。櫻井元判事が在職中の違憲判断では、最初の憲法判断からの期間が最も短いものが、嫡出でない子の相続分差別裁判であるが、それでも18年かかっているという。もとより、それも事案の内容によりけりであろうが基本的にはそうであろうと思われる。しかし、夫婦同氏制の違憲論の審査で５年という期間の経過は今日の社会状況の変化を前提にすれば、決して短くはないと思われる。さらに言えば、個人の権利、個人の尊厳、両性の本質的平等の実現という課題に応えるためには５年という期間は決して短くはない。しかし、最高裁の論理でいけばそうではないということであろう。もちろん、最高裁が違憲の判断を出せば、話は早い。違憲の判断がでれば国会も傍観しているわけにはいかないからである。そして、違憲の判断が必ず出ると確信されている弁護士もおられる。本件判決の事案における弁護団長をつとめられてこの問題に揺るぎない闘志を燃やしておられる榊原富士子弁護士は、「徐々に外堀が埋められている。長い時間がかかっているが必ず到達（違憲判断に）すると思う」

と自信を示しておられる（令和３年７月15日付け朝日新聞）。そして、そう考えられる根拠の一つとして、「合憲とする理由に比べ、違憲であるという意見の方が、法的に筋が通っているから」と言われている。極めて説得力のある所見と思う。ただ、この違憲判断を獲得するまでにはまだかなりの期間を必要とするようにも思われる。一日も早い夫婦別氏制の導入が、他方で真剣に待たれていることも事実である。その意味で令和３年６月の最高裁判決の中で示された次の部分の説示は大変重要な意味をもつものである。

「**夫婦の氏についてどのような制度を採るのが立法政策として相当かという問題と、夫婦同氏制を定める現行法の規定が憲法24条に違反して無効であるか否かという憲法適合性の審査の問題とは、次元を異にするものである。……この種の制度の在り方は、平成27年大法廷判決の指摘するとおり、国会で論ぜられ、判断されるべき事柄にほかならないというべきである。**」つまり、どんな制度がいいかという議論は国会の役割であることを明確にしているのである。ボールは国会に投げられたのである。

しかし、この二つの判決の間の５年間、国会でこの問題が本格的に議論されることはなかった。そして、令和３年の判決が出て以降も状況は変わっていない。明らかに国会の怠慢としかいいようがない。櫻井元判事によれば、「このまま議論がなければ『国会の裁量権の逸脱だ』という理由で違憲になり得る」と言われている。まさにボールは唯一の立法機関である国会にあるのである。法制審議会が既に述べたように選択的夫婦別姓を導入する民法改正案を答申して26年が過ぎた。国会での議論が成り立たないのは自民党の責任であろう。明治憲法的感覚から脱却できない一部の固陋な政治家による反対論に引きずられて「人権」をないがしろにしているという感覚が多数の政治家に理解されていない証左であろうか。司法が違憲の判断をする前に立法機関としての矜持を示して欲しいと願うばかりである。国会か司法か、いずれにしても早期の新たな結論を得たいものである。

(9)　終わりに

夫婦の氏をめぐる問題について愚見を交えながら筆者の所見を述べてきた。

改めて平成22年に準備された民法改正案（氏に関する部分）の「**夫婦は、婚姻の際に定めるところに従い、夫若しくは妻の氏を称し、又は各自の婚姻前の氏を称する。**」という案文をみて、仮に選択的夫婦別姓制度が導入されるとしたら、この案文以外にはないように思う。この案で民法の改正が実現したとき誰か困る人がいるだろうか。夫婦同氏制を支持する人も夫婦別姓を支持する人もこの案で満足できるのではないか。自己の生き方と他者の生き方をそれぞれ尊重して相互の存在を認めあう社会への一里塚である。寛容と信頼、これが生き生きと流れる社会の実現のために是非とも早期に改正立法が実現すること祈るのみである。

キーワードは、**個人の尊厳と両性の本質的平等である**。思えば、「個人の尊厳」と「両性の本質的平等」という概念の具体像に迫る姿勢が我が国では公私両面において、いささか弱かったような気もする。この問題がそのような気運を吹き飛ばす契機になって欲しいと心から願うものである。

なお、本項の最後に最近公刊された夫婦別姓の問題に関する二つの優れた書物を読者の皆さんに紹介しておくことにしたい。いずれの著作も最新の作で是非多くの皆さんに読んでいただきたいと願うものである。どちらも「目から鱗」の素晴らしい作品である。

まず最初は、栗田路子氏ほか６名による『夫婦別姓ー家族と多様性の各国事情』（ちくま新書、2021年11月）である。本書は筆者も一気呵成に読んだほどに魅力的な内容がしっかり詰まった作品である。英国、フランス、ドイツ、ベルギー、米国、中国、韓国の７か国の夫婦別姓がどんな経緯をもち現にどのように運用されているか、さらには、これに関連した問題についても現状を分かりやすく説いている。しかも、執筆者はいずれも執筆を担当したそれぞれの国にかなり長く住んでおられる人々であるから別姓の問題にしろ、婚姻と姓、事実婚とかパートナーシップ制度等の運用等にも説得力のある記述が綴られている。いずれの国も独自の文化を抱えつつ、性の平等という共通の目標へ、それぞれのやり方での夫婦別姓がある。それらの内実について迫力のある叙述が展開されている。また、最終章には元最高裁判事、衆議院議員、大手証券会社の女性副社長の３人との座談会も企画され、「別姓がなぜ必要なのか、どうしたら実現できるか」をメインテーマに貴重な意見の開陳も行われている。別姓問題にどのような態度を採るかは別としてとにかく一読をお勧めしたい書物である。

もう一冊は、弁護士の榊原富士子氏と同寺原真希子氏編著にかかる『夫婦同姓・別姓を選べる社会へ～わかりやすいＱ＆Ａから訴訟の裏側まで～』（恒春閣、2022年７月）である。編著者以外に５人の弁護士による共同執筆によるものである。編著者の榊原富士子弁護士は別姓訴訟に長く深く関わられ、静かなしかし強い闘争心を背景にこの問題に精魂傾けておられる方である。最高裁大法廷による二つの合憲判決の事案でも結果は敗訴の形で終わったが、その主張の理論的側面では間違いなく判決の論理を上回っていたと言えよう。徐々に徐々に本丸に迫っているというのが率直な感想である。本書はこのような榊原弁護士を中心とした弁護団の皆さんの手によるものである。いわば、本書の叙述の全体がすべて地に足のついた論理で構成されていると言ってもよいであろう。別姓訴訟でどんな問題意識でどんな理論構成で臨むかは弁護団の中心的課題であるがその内容も分かりやすく述べられている。いずれにしても本書は今日得られる夫婦別姓問題のあらゆる論点を訴訟の問題だけでなく、別姓問題一般の抱える問題点の全てについて平易かつ丁寧に解説してある唯一の著作であるといえよう。同書の帯に書かれている「子どもの姓を含む夫婦別姓の今がわかる一冊」はまさにそのとおりである。一人でも多くの人々に読んで欲しいと心から願うものである。

3　離婚と親権の帰趨等をめぐって（子の養育の在り方の基本的課題）

⑴　はじめに

最近の家族法の改革をめぐる動きは多方面にわたり極めて精力的に動いているように見えるが、その中の一つに「父母の離婚後の子の養育に関する問題」があり、社会的関心も高いように思われる。その中核となるのは「親権」のありようということでもあると思うが「新しい子ども法制」の実現に向けて内容のある立法のなされることを期待したい。

親権に関しては、平成23（2011）年５月に民法の一部を改正する法律が成立した。念のためにその改正内容を素描しておこう。この改正は、児童虐待の防止を図り、児童の権利・利益を擁護するという観点から、その中心は親権の停止制度等を新設することであったが、法文上は「面会交流」「子の監護費用」が明示された。つまり**民法766条１項**は「**父母が協議上の離婚をするときは、子を監護すべき者、父又は母と子との面会及びその他の交流、子の監護に要する費用の分担その他の子の監護について必要な事項は、その協議で定める。この場合においては、子の利益を最も優先して考慮しなければならない。**」と規定した。

また親権停止については**同法834条**に「**父又は母による虐待又は悪意の遺棄があるときその他父又は母による親権の行使が著しく困難又は不適当であることにより子の利益を著しく害するときは、家庭裁判所は、子、その親族、未成年後見人、未成年後見監督人又は検察官の請求により、その父又は母について、親権喪失の審判をすることができる。ただし、２年以内にその原因が消滅する見込みがあるときは、この限りでない。**」との規定が設けられた。

また、同法834条の２第１項は「**父又は母による親権の行使が困難又は不適当であることにより子の利益を害するときは、家庭裁判所は、子、その親族、未成年後見人、未成年後見監督人又は検察官の請求により、その父又は母について、親権停止の審判をすることができる。**」とし、同法834条の２第２項は「**家庭裁判所は、親権の停止審判をするときは、その原因が消滅するまでに要すると見込まれる期間、子の心身の状態及び生活の状況その他一切の事情を考慮して、２年を超えない範囲内で、親権を停止する期間を定める。**」とそれぞれ規定する。

これらの改正はいずれも児童虐待防止等を図り、児童の権利利益を擁護する観点からのものであることは明らかである。これらの改正の中で特に注目すべきは、民法766条１項であり、これまでの実務、判例、学説を追認し、父母が協議上の離婚をするときの協議事項として、「父又は母と子との面会交流」、「子の監護費用の分担」を明示するとともに、その協議については「**子の利益**」

を最優先考慮事項とする旨の規律化をしたことである。

ただ、この改正の際には、親権に関してはなお検討すべき問題が残されているということが指摘されていた。今回の改革への動きはそれらをも踏まえた上での動きであると言って差し支えないであろう。

本項では、我が国の親権制度や離婚後の養育の現状、離婚後の共同親権制の導入をめぐる動き、諸外国における親権制度等に触れ、その後で、法務省を中心に検討されている改正の項目や動向等について触れてみたい。

⑵　我が国の現行民法における親権制度素描

㋐　親権とは何か

親が保護を必要とする子（未成年子）に配慮する関係は２つの類型に分けることができる。１つは、子を肉体的に監督・保護し（監護という）、また精神的発達を図るための配慮をする（教育という）。２つは、子が財産を有するときに、その財産管理をし、また子の財産上の法律行為につき子を代理したり同意を与えたりすることである。

民法はこの２つの配慮のために親権制度を設けている。このように親権の内容は、身上監護権と財産管理権を内容として規定しているわけである。

民法820条は「親権を行う者は、**子の利益のため**に子の監護及び教育をする権利を有し、義務を負う。」と規定する。前記のとおり、親権の内容は、一般に、子の身上に関する権利義務（身上監護）と子の財産に関する権利義務（財産管理）に分けられるが、本条は前者（身上監護）に関する総括的・原則的規定であり、821条から823条までは本条の規定する「監護及び教育」の内容またはこれを行う方法を具体的に明文化したものである。本条の法文の中にある『子の利益のために』との文言は平成23年の民法の一部改正により挿入されたものである。

なお、身上監護の具体的内容の一つである民法822条の「懲戒」に関する規定については改正が予定されているのでその点について触れておきたい。法務省法制審議会家族法制部会が民法（親子法制）等の改正に関する要綱案を令和４年２月１日にまとめた旨の報道があった。それによると、その要綱案の第１に、懲戒権に関する規定の見直しの見出しのもとに「1　**民法第822条を削除し、民法第821条を同法第822条とする。**」との文言がある。これは、懲戒権が児童虐待を正当化する口実になっている等の指摘を受けての改正と思われるが、妥当な方向であると思われる。なお、前記要綱案によれば民法821条に次のような規律を設けるものとするとしている。「**親権を行う者は、第820条の規定による監護及び教育をするに当たっては、子の人格を尊重するとともに、子の年齢及び発達の程度に配慮しなければならず、かつ、体罰その他の子の心身の健全な発達に有害な影響を及ぼす言動をしてはならない。**」。子のための親権法への周到な改革案といえよう。早期の実現を期したい。

(イ)　親権の性質

親権とは、親が未成年の子を一人前の社会人に育成する職分であるといえよう。ただ、親「権」という呼称には何か違和感のようなものがあることは否定できない。あたかも、集合的な「権利」の総称のようでもあり、むしろ、そうではなく義務的性格の強いものであるように思われる。もっとも、権利的性格の強い場合もあり得る。第三者が親権の行使を妨害するようなときには、親権者はこれを排除する権利があるから、あながち親権に「権利」的要素がないとはもちろん言えない。問題は権利性と義務性のどちらに軸足を置くかということであろうし、それは、行使する親権の内容によるということであろうか。しかし、何か親権に代わる概念が欲しい気がするのは事実である。最近では、親権は権利ではなく義務であることは民法820条の解釈から導くことができるとする見解も示されている（米倉明「親権概念の転換の必要性」星野英一＝森嶋昭夫編『現代社会と民法学の動向（下）』359頁以下（有斐閣・1992））。今回の親権問題改正の機会に是非検討して欲しいと願うものである。

(ウ)　離婚後の親権者の指定（監護者）

両親が離婚する場合には当然のことながらどちらが子を引き取るかを決める必要がある。離婚に際して夫婦が遭遇する最大の問題と言ってよいであろう。協議離婚の場合には、未成年者がいる場合には、父母のどちらか一方を親権者と定めなければならず、この記載がないと離婚届は受理されない（民法765条１項、同819条１項）。裁判上の離婚の場合には、裁判所が父母の一方を親権者と定める（民法819条２項）。

他方で、民法は766条１項において「子の監護をすべき者」（監護者）を定め得ることを規定している。本条は前記のとおり平成23（2011）年の改正によるもので、本条の監護とは、親権の効力としての監護（民法820条）であり、子の身体的な生育を図ることを意味する。父母が離婚すると、子は父母の一方と生活をともにできなくなるので、父母のどちらが子を監護するか、監護の方法・期間・監護費用の分担等、子の監護について必要な事項について定めておく必要がある。

親権者とは別に監護者が定められた場合の効果について一瞥しておこう。民法766条１項から３項までの規定によっては、監護の範囲外では、父母の権利義務に変更を生じない（同条４項）。この規定は、平成23（2011）年改正前は、親権者と別に監護者を定めたときの監護者及び親権者の権限に関するものであり、現行法でも監護者が定められたときに適用される。その結果、親権のうち監護及びそれに関連する諸権利（教育・居所指定等）は監護者が行うが、親権者は、監護以外の権利義務（法定代理人としての権限（民法791条３項、同797条１項）、財産管理権（民法824条））を行う。監護者が父母の一方である場合には、15歳未満の子の縁組に対する同意権（民法797条２項前段）を有する。

ところで、民法819条１項、２項または４項の親権者指定協議が調わないとき、または協議をすることができないときは、家庭裁判所は、父又は母の請求によって協議に代わる審判をすることができる（家事事件手続法39条・別表第２(8)）。親権者を指定するときは、「子の利益」が判断の基準になる。なにが、子の利益であるかは当該親子を取り巻く事情を総合的に比較較量して判断される。これまでの裁判例で考慮された事情には、父母側の事情として、監護能力、精神的・経済的家庭環境（資産、収入、職業、住居、生活態度)、居住・教育環境、子に対する愛情の度合い、従来の監護状況、実家の資産、親族の援助の可能性等、子の側の事情として、年齢、性別、心身の発育状況、従来の環境への適応状況、子の意思、父母及び親族との結び付き等が挙げられている（松原正明「家裁における子の親権者・監護権者を定める基準」判例タイムズ747号305頁)。それぞれ個別の事情により斟酌すべき事情も異なることになろう。わけても子の意思（未成年子の年齢如何にもよる）が重視されるべきであろう。

なお、平成30（2018）年では、離婚後に父親が親権者となったのは11.9%、母親が親権者となったのは84.5%となっている（厚生労働省『平成30年人口動態統計』)。余談であるが、なぜこのように離婚後の親権者が母親に偏るのであろうか。この数字はおそらく他の年でも大差ないものと思われる、これこそ離婚後の親権者問題の大きな検証点の一つではなかろうか。

(3)　離婚後の子の養育に関する状況

さて、現行民法における離婚後の親権者の問題等については前記のとおり規定されているが、このシステムが必ずしも法の予定するようには機能していないことがまさに今日問題とされているわけである。とりわけ、離婚後の共同親権の導入、面会交流及び養育費等の基本的枠組み、その履行確保制度、子どもの手続代理人制度問題などがそれである。これらの点についてはまた後程触れるつもりであるが、ここでは、離婚後の子の養育の現状について素描してみたい。

前段で述べたとおり、父母が離婚するときは、面会交流や養育費など子の監護に関する事項について協議で定めるものとされており、その協議による取り決めに際しては、「子の利益」を最優先にしてしなければならないとされている（民法766条１項)。この規定は前記のとおり平成23年の民法の一部改正により明文化されたものである。そして、これを受けて法務省は平成24年４月から離婚届の右下欄に、未成年の子がいる場合などの面会交流と養育費の分担についての取り決めの有無をチェックする下記のような欄を設けることとした（平成24年２月２日付法務省民一第271号民事局長通達)。

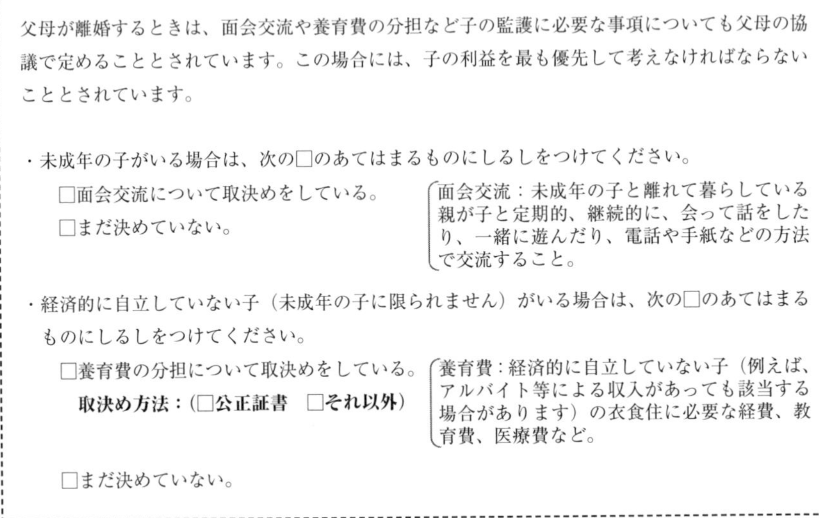

父母が離婚するときは、面会交流や養育費の分担など子の監護に必要な事項についても父母の協議で定めることとされています。この場合には、子の利益を最も優先して考えなければならないこととされています。

・未成年の子がいる場合は、次の□のあてはまるものにしるしをつけてください。

□面会交流について取決めをしている。

□まだ決めていない。

面会交流：未成年の子と離れて暮らしている親が子と定期的、継続的に、会って話をしたり、一緒に遊んだり、電話や手紙などの方法で交流すること。

・経済的に自立していない子（未成年の子に限られません）がいる場合は、次の□のあてはまるものにしるしをつけてください。

□養育費の分担について取決めをしている。

取決め方法：(□公正証書　□それ以外)

□まだ決めていない。

養育費：経済的に自立していない子（例えば、アルバイト等による収入があっても該当する場合があります）の衣食住に必要な経費、教育費、医療費など。

この様式改正は大変意義のあるものであったと思う。届出に際してこの欄を見て考え直すカップルもいるであろうし、面会交流や養育費の分担等について改めて協議をするカップルもいるかも知れない。いずれにしても、こうした試みは、当事者の社会的意識の形成にも繋がることではないだろうか。この他にも面会交流と養育費に関するパンフレットなどを作成し、全国の市区町村で離婚届の用紙と同時に配布することもされているようである。

しかし、こうした努力にもかかわらず、面会交流や養育費の支払率などは低調であるとされている。その原因はいろいろあり得ると思われるが、一番の原因は、面会交流の意味するところや、その必要性、有益性、養育費の支払いの重要性、それが親として子に対する基本的義務であることの認識が不十分であることにあるものと思われる。また、ここでもコロナの影響を指摘する声もある。令和２年３月以降、新型コロナウイルスの感染拡大により、子への感染を恐れた面会拒否や、緊急事態宣言を理由とした家庭裁判所の調停期日の取消の影響で、面会交流ができなかったり、その回数が減少したりするケースも増えていると報道されてもいる。

離婚によるひとり親世帯の面会及び養育費の状況の中で基本的な数字を挙げ

てみる。厚生労働省『平成28年度　全国ひとり親世帯等調査結果報告（平成28年11月１日現在）』（平成29年12月10日公表）によると、「**面会交流**」に関しては、母子世帯の場合、面会交流の取り決めをしている割合は24.1%であるのに対し、父子世帯の場合は27.3%であり、現在も面会交流を行っている割合は母子世帯では29.8%、父子世帯については45.5%である。次に、面会交流を実施していない理由については、母子世帯では「相手が面会交流を求めてこない」が13.6%、「子どもが会いたがらない」が9.8%、「相手が養育費を支払わない」が6.1%となっているのに対し、父子世帯では、「子どもが会いたがらない」が14.6%、「相手が面会交流を求めてこない」が11.3%、「面会交流によって子どもが精神的又は身体的に不安定になる」が8.6%となっている。

他方「**養育費**」に関してである。「取決めをしている」は母子世帯で42.9%であるのに対し父子世帯では20.8%だ。「取決めをしていない理由（最も大きな理由）」については、母子世帯では「相手と関わりたくない」が31.4%、「相手に支払う能力がないと思った」が20.8%、「相手に支払う意思がないと思った」が17.8%であったのに対し、父子世帯では「相手に支払う能力がないと思った」が22.3%、「相手と関わりたくない」が20.5%、「自分の収入等で経済的に問題がない」が17.5%となっている。また、「現在も養育費を受給している割合」については、母子世帯が24.3%、父子世帯では3.2%となっている。詳しい分析は別として、この調査結果からも離婚したカップルの婚姻中の力関係が大きく影響しているようであり、また、子に対する養育義務の平等性に対する認識不足の疑いがあるのを読み取ることもできるように思われる。

⑷　父母離婚後の子の養育に関する海外の法制について

平成23年に成立した「民法等の一部を改正する法律」が成立した際の附帯決議では、離婚後の親権制度と関連する問題である離婚後の子の養育の在り方について検討すべきものとされている。さらに、上記附帯決議においては、離婚後の面会交流の継続的な履行を確保するための方策等について検討すべきものとされている。

法務省はこうした状況を受けて、離婚後の親権制度や子の養育の在り方について、外務省に依頼してG20を含む海外24か国の法制度やその運用状況の調査を行った。そして、各国の離婚後の親権や子の養育の在り方に関する、主として制度面について取りまとめた「父母の離婚後の子の養育に関する海外法制について」と題する報告書を令和２年４月に公表した。この調査結果は最新の情報として貴重なものであり今後の我が国の制度検討に当たっての重要な資料となるものと思われる。

以下においては、この報告書から得られる情報のうち極めて基本的な項目について援用させていただきその内容を簡潔に素描してみたい。

「父母の離婚後の子の養育に関する海外法制について」
法務省民事局報告書から

1　「親権」という呼称について

我が国では「親権」という呼称が定着している感があるが、近時は必ずしもそうではないように思われる。むしろ、何か親権とは異なる名称をと主張されている方も多いようである。

本報告書を読みながらこれは直接調査の対象にはなっていないが、報告書の中でいくつかの国についての扱いに触れられているのでその点について触れておきたい。

まず「親責任」という用語を使用している国として、アルゼンチン、イタリア、イギリス、オーストラリア、カナダ（ブリティッシュコロンビア州）があり、「養育権」、「養護・教育を施す義務」等の用語を使用している国としてインドネシア、「親の配慮」という用語を使用しているのがドイツである。「親責任」とか「親の配慮」などは事柄の本質を射ているようで検討の参考になろう。

2　父母離婚後の親権等の態様

◆離婚後も法的監護・身上監護について単独及び共同行使が認められる国（州）として

アメリカ（ニューヨーク州）

◆監護（法的監護と身体的監護）は、離婚後に共同行使するものについて、条文上限定をくわえられていない国（州）

アメリカ（ワシントンＤＣ）

◆離婚後も、両親は共同して親権を行使する国

カナダ（ケベック州）、アルゼンチン（原則）、ブラジル（原則）、メキシコ、インドネシア、中国、フィリピン、イタリア、イギリス（イングランド及びウェールズ）、オランダ、スイス（原則）、スウェーデン（ただし、両親の合意が条件）、スペイン（例外的に単独親権の場合あり）、ドイツ（原則は共同親権）、フランス（原則）、ロシア、『オセアニア』―オーストラリア

◆離婚後の親権行使について多様な方法を認める国

韓国（両親の同意により、共同親権・単独親権を定めることができる、裁判離婚では単独親権の指定が原則、協議離婚では共同親権とする事例が多いとされる）

タイ（共同親権・単独親権ともに許容されている）、サウジアラビア（母の監護が優先するが、父と共同で親権を行使する場合もある）

◆離婚後は原則母の単独親権とする国

トルコ

◆離婚後は単独親権を原則とする国

インド

3　子がいる場合の協議離婚の可否

◆子の有無にかかわらず、争いのない離婚の場合でも、裁判所の確認を受けた上で認められる（アメリカ（ニューヨーク州））

◆裁判所に申請し、当事者間で争いがなければ認められる（アメリカ（ワシントンＤＣ））

◆子の有無にかかわらず認められていない（カナダ（ケベック州）、アルゼンチン）

◆未成年の子がいない場合のみ認められている（ブラジル）

◆子のいる夫婦の場合は、裁判手続を経ずに協議離婚することはできない（メキシコ、ロシア）

◆子のいる場合も判例により認められている（インド）

◆子のいる場合も認められている（韓国（ただし裁判所の関与あり）、タイ、中国）

◆離婚制度そのものを認めていない（フィリピン）

◆子の有無にかかわらず「支援付きの交渉」手続が導入され、その手続を利用して別居や離婚の条件についての合意等を行うことができる（イタリア）

◆未成年の子の有無にかかわらず、協議離婚は認められず、裁判所の決定が必要（イギリス（イングランド及びウェールズ）、オランダ、スイス、スウェーデン、ドイツ）

◆協議離婚は認められず、裁判官の関与、承認が必要（スペイン）

◆未成年の子がいても、一定の要件を満たせば協議離婚が認められる。ただし、弁護士、公証人の関与が必要である（フランス）

4　父母の離婚時に子に対する面会交流又は子の養育費の支払について取決めをする法的義務の有無・内容

⑴　面会交流についての取り決めをする法的義務の有無・内容

◆取決めは義務付けられていないが、両親の一方又は双方の求めに応じて裁判所が決定する（アメリカ（ニューヨーク州））

◆取決めは義務付けられていない（アメリカ（ワシントンＤＣ）、カナダ（ケベック州）、カナダ（ブリティッシュコロンビア州）、ブラジル）

◆離婚裁定中に夫婦の間で面会交流に関する合意がされる（メキシコ）

◆離婚時に取決めをすることが義務付けられている（インド、韓国、中国（ただし、離婚と取決めの先後関係については特段の規定はない）、オランダ）

◆両親は、別居、離婚又は同居の終了時に、取決めすることを義務付けられている（イタリア）

◆離婚時に取決めをすることは義務付けられておらず、判決において言及された場合にのみ義務が生じる（インドネシア、フィリピン（ただし、裁判の際に面会の頻度について裁判官が判断する））

◆離婚時に取決めをすることは義務付けられていないが、実務上、離婚時に当事者間の合意又は裁判所の決定が行われる（タイ）

◆離婚時に取決めをすることは義務付けられていない（イギリス（イングランド及びウェールズ）、スウェーデン、スペイン、ドイツ、フランス（ただし、両親は離婚時に面会交流の態様について合意し、家事裁判官がこれを認可することができる）、ロシア（ただし、取決めを行っていれば、離婚裁判の審理に際し、裁判所に提出することが可能））

(2)　養育費の支払いについての取決めをする法的義務の有無・内容

◆離婚時に取決めをすることは義務付けられていない（アメリカ（ニューヨーク州）、アメリカ（ワシントンＤＣ）、カナダ（ケベック州）（ただし、裁判所は、離婚に際し、両親の一方又は双方の請求により、養育費について臨時命令を発することができる）、カナダ（ブリティッシュコロンビア州）（ただし、離婚時に両親が養育費について合意をしていないと、裁判所は離婚を認めないこともある）、アルゼンチン（取決めは義務づけられていないが、両親は、各自が負う責任などを含む養育計画を裁判所に提出することができる）、ブラジル（ただし、実務上は、離婚と子の養育費の支払いを一つの訴えとして同時に請求するのが一般的とされている）、フィリピン、イタリア、イギリス（イングランド及びウェールズ）、スペイン、ドイツ、ロシア）

◆離婚時に取決めすることが義務付けられている（インド、韓国、タイ、中国、オランダ）

5　嫡出でない子の親権の在り方

◆父が認知した場合には、父が監護することが認められている（アメリカ（ニューヨーク州））

◆認知等により親子関係が確立していれば、親権の共同行使が認められている（カナダ（ケベック州 ※ブリティッシュコロンビア州も基本的には同じとみてよい）、ブラジル、インド、イタリア）

◆子の出生証明書に父の名が記載されていれば、共同親権となる（アルゼンチン）

◆親権について、婚姻関係にある父母の子か、婚外子であるかの区別はない（メキシコ）

◆父が認知した場合には、父母の協議で親権者を定める。その場合、単独親権・共同親権のいずれも可能とされる（韓国）

◆婚外子については母が単独親権となるが、父子関係が確定すれば父母の共同親権となる（タイ）

◆父母の共同親権である（中国、ロシア）

◆一定の事実（例えば、出生証明書に父としてその名が記載されているような場合）には、父親にも親権が認められる（イギリス（イングランド及びウェールズ））

◆認知した者が母と共に裁判所に親権に関する申出をしたときは、共同親権となる（オランダ ※これに近いもので認知があれば共同親権が発生するものとしてスイス）

◆一定の手続を執れば共同親権となる（スウェーデン）

◆認知等により法的な親子関係が確定した場合は、その確定した親が単独親権を行使する（スペイン）

◆原則母の単独親権であるが、一定の場合には共同親権となる場合がある（ドイツ）

◆父子関係が成立すれば、原則として両親の共同親権となる（フランス ※ただし、父子関係の成立が子の出生から１年以上経過した後である場合などには、単独親権となる。この場合でも父母共同の申立てがあれば共同親権となる場合もあり得る）

(5) 父母の離婚後の子の養育の在り方等についての立法化作業への期待

令和３年２月10日、法制審議会第189回会議において、法務大臣から、「父母の離婚に伴う子の養育への深刻な影響や子の養育の在り方の多様化等の社会情勢に鑑み、子の利益の確保等の観点から、離婚及びこれに関連する制度に関する規定等を見直す必要があると思われるので、その要綱を示されたい」との諮問が発せられた。そして、同日の会議で設置された家族法制部会において審議が行われることになった。これにより、本格的な審議がスタートすることになったわけである。調査審議の対象となる事項もほぼ明らかになってきており、大きな改革であるだけに慎重かつ迅速な結果の出ることを期待したい。

検討課題の中心は、「父母の離婚後の子の養育の在り方」であり、その具体的論点は多岐にわたっている。しかし、中心となる問題は、親権の帰趨の在り方、面会交流の継続的実施の確保の手段、養育費の履行の確実性の担保等であり、これらの論点については、既に公益社団法人商事法務研究会が令和元年11月に立ち上げた「家族法研究会」（座長・大村敦志学習院大学教授）においても14回にわたる会議を経て「家族法研究会報告書〜父母の離婚後の子の養育の在り方を中心とする諸課題について〜」とする報告書が令和３年４月に公刊されており、そこに極めて詳細な研究成果がちりばめられている。興味と関心のある方は是非それをご覧いただきたい。法制審議会家族法制部会における審議もこの報告書が基本的なベースになるものと思われる。海外の法制の調査も行われ、これらの内容も参酌されつつ多角的観点からの審議が行われるものと思われる。例えば、「親権」という用語についても今までは極めて当然の概念のように捉えていた傾向が強かったと思われるが、現在では必ずしもそのような見方が一般的とはいえなくなっているように思われる。それは「親権」という用語が親の立場からみた用語であるように思われるからである。親権の性質を子の養育のための権利義務の集合体と考えればむしろ海外の法制の中にも見られたような「親責任」とか「親の配慮」などの用語は、親権を行使する親の子に対する責務が直接的に表れている点で「子のための親権法」のスタートにもなる概念として魅力的であることは事実である。日本の法文化から見ればこれらの用語が法律用語らしくないという感覚で捉えられる懸念もないわけではないが、時代は変化し国民の意識も多様化している。ある法文が目指そうとしている本質的な目的をより平易に国民にも理解認識されやすい用語なり文章での立法化はこれからの課題であるように思われる。既存の法文との整合性も重要であろうが思いきった改革を期待したい。

次に共同親権の問題である。今回の改正審議により離婚後の共同親権が何らかの形で導入される可能性が高いと思われるが、海外におけるこの点に関する法制は既にみたように調査対象国24か国のうち、実に22か国において共同親権制が導入されていることが明らかになった。もとよりその共同親権の内容は必ずしも同一ではないが、離婚後も父母が共同で子の養育に当たっているという点では共通しているといえよう。調査対象国のうち単独親権制を採っているのはトルコとインドのみである。興味深いのは多くの国がなぜ離婚後の共同親権制を採っているのかという点である。その根拠は不明であるが、推測するに、子にとっての父母は離婚しようとしまいと「親」であることに変わりないという認識が出発点になっているのではないかと思われる。親は子に対する親という立場にある限り子の養育保護には責任を持つべきであるという基本的考え方が基礎にあるのではないかと思われる。離婚すれば居住を異にするから親権の共同行使は難しくなるという理由も、親権の共同行使が円滑に進められず子にとって利益とはならないとの考えが基礎にあればあながち不当とも思われない。しかし、基本的な理念としては「親」の責任という側面により重点をおいたものとして離婚後の共同親権制は十分に検討に値するのでなかろうか。

もちろん、離婚後の共同親権制を導入する場合でも多くの克服すべき問題があると思われる。例えば、離婚後に父母が共同して行使する親権の内容としてどのようなものを規定するかということも一つの論点であろう。離婚後の共同親権を認めている国の中には、離婚後に父母が共同して行使する親権の内容を限定している国もあり、例えば、ドイツでは子にとって著しく重要な事柄の決定には父母の合意が必要であるが、子の日常生活に関する事柄については、同居親が単独で決定する権限を有するとしている（報告書「父母の離婚後の子の養育に関する海外法制について」50頁)。また、メキシコでは、離婚後も父母共に親権を有するが、双方が共同で行使することとしているのは財産管理権のみで、監護権については父母の一方が行使することとしている（前掲報告書18頁)。

また、離婚後の共同親権の行使について父母の意見が対立する場合の対応についてもその内容は多様である。離婚後の共同親権の行使について父母が対立した場合は、最終的に裁判所が判断する国が多い。例えば、イタリアでは、両親が子の重要問題について合意をすることができない場合には、いずれの親もより適切と考える措置を示して裁判官に訴えることができる（民法316条)。いずれにしてもこのようなケースでは裁判所が関与する形態の国が多いようである。

さらに離婚後の子の養育の在り方に関連して、面会交流及び養育費の取決めについて簡単にみておきたい。海外法制のところで触れたところであるが、面会交流及び養育費について、離婚時に取決めをすることが法的に義務付けられていない国が多い。しかし、韓国、オーストラリア、オランダ等では法的な義務とされている。また、法的義務が課されていない場合でも、離婚のために裁判手続を経る段階で、離婚を認める条件や共同親権に関わる内容として取決めがされている例もある。

いずれにしても、面会交流の安定的実施、養育費の支払いの確保等についても多くの国々でいろいろな法的・事実的な工夫がなされていることは大いに参考になると思われる。

今後、法制審議会の家族法制部会においての審議が進む過程でいろんなアイデアも出てくるであろうし、何よりもある種未知の世界での審議検討という側面もありそこからどのような姿が浮かんでくるか楽しみでもある。子の利益の優先というキーワードがどのように法文化されるのか期待して審議の経過を見守っていきたい。

三　親子法制等関係をめぐる問題

法制審議会親子法制部会は令和４年２月１日「民法（親子法制）等の改正に関する要綱案」をとりまとめた。そこでは「第１　懲戒権に関する規定の見直し」「第２　嫡出の推定の見直し及び女性に係る再婚禁止期間の廃止」「第３　嫡出否認制度に関する規律の見直し」「第４　第三者の提供精子を用いた生殖補助医療により生まれた子の親子関係に関する民法の特例に関する規律の見直し」の４つが挙げられている。このうち直接的に親子関係に関する事項としては第２の前段及び第３、第４である。本項ではこれらの問題を取り上げてみたい。

1　嫡出推定制度の見直しについて

⑴　現行民法における嫡出推定制度

現行民法第772条は次のような規定となっている。

> 妻が婚姻中に懐胎した子は、夫の子と推定する。
>
> ②　婚姻の成立の日から200日を経過した後又は婚姻の解消若しくは取消しの日から300日以内に生まれた子は、婚姻中に懐胎したものと推定する。

妻が婚姻中に懐胎した子は、夫の子と推定される（民法772条１項）。この規定は、妻が婚姻中に懐胎した子の父は、母の夫とするという父性推定の規定であるが、それとともに、妻が婚姻中に懐胎した子を「嫡出子」とするといういわゆる嫡出性を付与する規定ともなっている（民法774条）。そこで、学説上、妻の婚姻中懐胎により夫の子と推定することを嫡出推定というわけである。

他方、本条第２項は、婚姻の成立の日から200日が経過した後又は婚姻の解消若しくは取消しの日から300日以内に生まれた子について、（前）夫の子と推定する旨を規定している。このように嫡出推定規定は、婚姻関係を基礎として、子の懐胎・出生時期を基準に、父子関係を推定することで、生まれた子について逐一父との遺伝的つながりの有無を確認することなく、早期に法的父子関係を確定し、子の地位の安定を図るものであり、DNA鑑定の技術が進歩発展した現代においても、子の利益のために重要な規定であると言える。

⑵　現行の嫡出推定制度が内含する問題点

妻が婚姻後200日経過後又は離婚後300日以内に出生した子については、仮に、血縁上は夫以外の男性との間の子である場合であっても、夫（離婚後300日以内に出生した子にいては、離婚前の夫）の子であるとの推定が及ぶことから（民法772条）、戸籍の窓口では夫を父とする出生届を提出しなければならず、事実に即した、つまり夫を父としない出生届を提出するためには、①夫による嫡出否認の訴え（民法774条）により民法772条の推定を覆すか、②親子関係不存在確認の訴え又は強制認知の訴え（含む調停）により夫の子であるという推定が及ばないことを裁判上証明する必要がある。しかし、これは容易ではない。夫の協力が得られない場合があること、調停・裁判手続によることは、労力、時間及び費用がかかり、これが妻にとって大きな負荷となること、婚姻中にＤＶ被害を受けたなどの事情により夫に住所や出産の事実を知られたくないことといった理由から、これらの手続がとられることがないまま、妻が出生届を提出しない事例がある。いわゆる無戸籍者問題とは、前記のような事情のもとに生まれた子について出生届が提出されないことにより、その子が戸籍に記載されない状態となり、日本国籍を有しながら国民としての社会的基盤を欠き、様々な社会生活上の不利益を被ることになる問題である。社会的にも大きな関心を呼んだ問題でもある。

もっとも、無戸籍の原因が全て嫡出推定制度にあるわけではないが、法務省の調査によれば無戸籍者の約78%が（前）夫の嫡出推定を避けるために出生届を回避したということであるからやはり現行の嫡出推定規定が大きなハードルになっていることは否定できない事実のようである。しかし、嫡出推定規定の見直しの必要性は無戸籍者問題のみに限定されるわけではない。嫡出推定制度は、昭和22年の民法改正の際も、明治以来の規定を基本的に引き継ぐ形で定められたものであるが、近年、離婚・再婚の増加、懐胎を契機に婚姻する夫婦の増加などの社会の変化が生じていること等を踏まえると、無戸籍者の問題の解消以外の観点からも見直しをする必要があると考えられている。

(3)　嫡出推定規定の見直しに関するこれまでの審議検討の経過

法務大臣の諮問機関である法制審議会は令和元年6月法務大臣から以下のような諮問を受けた。「諮問第108号　児童虐待が社会問題になっている現状を踏まえて民法の懲戒権に関する規定を見直すとともに、**いわゆる無戸籍者の問題を解消する観点から民法の嫡出推定制度に関する規定等を見直す必要がある**と考えられるので、その要綱を示されたい。」

この諮問を受けて令和元年7月から法制審議会民法（親子法制）部会で調査審議が開始された。そして、令和3年2月には民法（親子法制）等の改正に関する中間試案が公表された。これに関連して、令和3年2月から4月にかけて中間試案に対するパブリックコメントを求めた。さらに令和4年2月1日には「民法（親子法制）等の改正に関する要綱案」がまとめられた。

このように審議は着々と進んでおり、見直しの内容も徐々に固まりつつあるように思える。

(4)　嫡出推定制度の見直しに関する中間試案の内容

令和3年2月9日にまとめられた「民法（親子法制）等の改正に関する中間試案」における嫡出の推定の見直し等の中における「嫡出の推定の見直し」に関する部分の内容は以下のとおりである。

民法第772条の規律を次のように改める。

①　妻が婚姻中に懐胎した子は、夫の子と推定する。妻が婚姻前に懐胎した子であっても、妻が婚姻の成立した後に出産した子であるときは、同様とする。

②　婚姻の解消又は取消しの日から300日以内に生まれた子は、婚姻中に

懐胎したものと推定する。

③　婚姻の解消又は取消しの日から300日以内に生まれた子であって、妻が前夫以外の男性と再婚した後に出生したものは、①及び②の規律にかかわらず、再婚後の夫の子と推定することとし、その適用範囲については、次の２案を引き続き検討する。

【甲案】一律に再婚後の夫の子と推定する案
離婚及び死別による婚姻の解消並びに婚姻の取消しの場合に適用する。

【乙案】前夫の死亡の場合を除き、再婚後の夫の子と推定する案
離婚による婚姻の解消及び婚姻の取消しの場合に適用し、死別の場合には適用しない（前夫の子と推定する）。

この中間試案の概要は以下のとおりである。

①は、民法第772条第１項に対応する規律として、妻が婚姻中に懐胎した子は、夫の子と推定するとの現行法の規律を維持した上で、これに加えて、妻が婚姻中に懐胎した子でなくても、妻が婚姻した後に出産した子であるときも、夫の子と推定するものである。

②は、同条第２項に対応する規律として、婚姻の解消又は取消しの日から300日以内に生まれた子は、婚姻中に懐胎したものと推定する現行法の規律を維持するものであり、①の前段の規律により、生まれた子は夫の子と推定されることになる。

③は、①、②の規律の例外として、婚姻の解消等の日から300日以内に生まれた子であって、妻が前夫以外の男性と再婚した後に出産したものは、再婚後の夫の子と推定するものである。この点については、妻の再婚後に生まれた子について、一律に再婚後の夫の子と推定する案【甲案】と妻の再婚後に生まれた子について、前婚の解消原因が前夫の死亡の場合を除き、再婚後の夫の子と推定する案【乙案】の２つの案を提案している（民法（親子法制）等の改正に関する中間試案の補足説明・法務省民事局参事官室）。

基本的には現行法の民法772条の規律を維持しながら、①の後段の規律のように婚姻前懐胎婚姻後出産というケースの多いことに着眼し、このような規律にしても事実関係と一致するという判断があるものと思われるが、妥当な規律であろう。

(5)　嫡出推定制度の見直し等を含めた「民法（親子法制）等の改正に関する要綱案」について

前記の中間試案の公表からほぼ１年の更なる審議検討を経て前記のとおり令和４年２月「民法（親子法制）等の改正に関する要綱案」がまとめられた。ここでは、要綱案のうち、嫡出の推定の見直しに係る部分の内容について紹介することにしよう。

1　嫡出の推定の見直し

民法第772条の規律を次のように改めるものとする。

①　妻が婚姻中に懐胎した子は、当該婚姻における夫の子と推定する。女が婚姻前に懐胎した子であって、婚姻が成立した後に生まれたものも、同様とする。

②　①の場合において、婚姻の成立の日から200日以内に生まれた子は、婚姻前に懐胎したものと推定し、婚姻の成立の日から200日を経過した後又は婚姻の解消若しくは取消しの日から300日以内に生まれた子は、婚姻中に懐胎したものと推定する。

③　①の場合において、女が子を懐胎した時から子の出生の時までの間に二以上の婚姻をしていたときは、その子は、その出生の直近の婚姻における夫の子と推定する。

④　①から③により子の父が定められた子について、嫡出否認の訴えによりその父であることが否認された場合における③の適用においては、③の「直近の婚姻」とあるのは、「直近の婚姻（第774条の規定により子がその嫡出であることが否認された夫との間の婚姻を除く。）とする。

以上が要綱案のうちの嫡出の推定の見直し案の内容である。おそらくこれが最終案となりこれに基づき法案化の作業が行われるものと思われる。念のために要綱案の内容について簡単に見ておこう。

まず第772条前段は、現行民法772条第１項に対応する規律として、妻の婚姻中に懐胎した子は、夫の子と推定するという現行法の規律を維持している。これは極めて常識的な判断で事実に即した規定ぶりということであり、格別問題となることはない。従来の規律を踏襲したということであろう。

注目すべきは①の後段である。「女が婚姻前に懐胎した子であって、婚姻が成立した後に生まれたものも同様とする」とある。この場合も嫡出の推定が及ぶということである。これは、妊娠を契機に婚姻するカップルが増加しているという社会の変化に加え、法務省の調査によれば、婚姻後200日以内に出生した子のうち、99.5％が推定されない嫡出子で、婚姻後の夫が父となっており、このような調査結果に照らすと、婚姻後200日以内に出生した子は夫の子である蓋然性が極めて高いということがいえる。こうした事情を踏まえ、772条の嫡出推定規定を見直すものといえよう。つまり、民法772条第１項に対応する規律として、妻が婚姻中に懐胎した子は、夫の子と推定するとの現行法の規律を維持した上で、これに加えて、女（妻）が婚姻前に懐胎した子であって、婚姻が成立した後に出産した子であるときも、夫の子と推定する、ということであろう。これにより、このような子は推定される嫡出子の地位を取得することになり、親子関係不存在確認等の裁判により安易に父子関係を否定されることはなくなるわけである。子の保護という視点からも意味ある見直しであると思われる。

次の②である。これは子の懐胎時期について確認的に明らかにしたものであろう。つまり①の後段で、女（妻）が婚姻前に懐胎した子であっても、婚姻が成立した後に生まれたものも、夫の子と推定するわけであるが、そのような子の出産の時期については、一律ではなく、婚姻の成立の日から200日以内に生まれる場合もあれば、婚姻成立の日から200日経過後又は婚姻の解消若しくは取消しの日から300日以内に生まれる場合もある。そこで、前者の場合には、婚姻前に懐胎したものと推定し、後者の場合には、婚姻中に懐胎したものと推定することとするものである。いずれにしても生まれた子は「嫡出の推定」を受けることになるわけであろう。

③④については特に触れるまでもない。このような見直しが実現するとすれば戸籍実務の出生届の扱いにも変化が生じると思われる。実体法・手続法両面にわたる見直しがされることになろう。見直しの方向を示す要綱案の内容を支持したい。

2　嫡出否認制度の見直しをめぐって

現行民法第774条は「第772条の場合において、夫は、子が嫡出であることを否認することができる。」と規定している。そして、第777条において「嫡出否認の訴えは、夫が子の出生を知った時から1年以内に提起しなければならない。」と規定する。嫡出の否認とは、嫡出推定を覆して夫との父子関係を否定できる権利であり、民法はこの権利を夫にのみ認めているのである（ただし、人事訴訟法41条1項参照）。このように夫にのみ否認権を認めていることについては、立法論としても批判がある。ただ、この制度を見直す場合には、嫡出推定制度全体を視野に入れた見直しが必要であろうし、その意味では今回の改革は両者がともに見直しの対象となっており、改革の機会としてはタイムリーといえるのではなかろうか。具体的な見直しの論点としては、夫の否認権の見直し、子及び母の否認権の新設等がベースになるものと思われる。令和4年2月1日にまとめられた「民法（親子法制）等の改正に関する要綱案」によれば、見直しの対象として、①否認権者を拡大する方策、②嫡出否認の訴えに関する規律の見直し、③嫡出の承認に関する見直し、④嫡出否認の訴えの出訴期間を伸長する方策等についての改革の方向性が示されている。

それでは、「**民法（親子法制）等の改正に関する要綱案**」の中の「**嫡出否認制度に関する規律の見直し**」の内容をまず紹介することにしよう。

第３　嫡出否認制度に関する規律の見直し

１　民法の規律

(1)　否認権者を拡大する方策

民法第774条の規律を次のように改めるものとする。

①　第２の１の規定（嫡出の推定の見直し）により子の父が定められる場合において、父又は子は、子が嫡出であることを否認することができる。

②　親権を行う母又は未成年後見人は、子に代わって、①の規定による否認権を行使することができる。

③　①に規定する場合において、母は、子が嫡出であることを否認することができる。ただし、その否認権の行使が子の利益を害することが明らかなときは、この限りでない。

④　第２の１③の規定（嫡出の推定の見直しの項参照）により子の父が定められる場合において、子の懐胎の時から出生の時までに母と婚姻していた者であって、子の父以外のもの（以下「前夫」という。）は、その否認権の行使が子の利益を害することが明らかでないときに限り、子が嫡出であることを否認することができる。

⑤　④の規定による否認権を行使した前夫は、①の規定にかかわらず、子が自らの嫡出であることを否認することができない。

(2)　嫡出否認の訴えに関する規律の見直し

民法第775条の規律を次のように改めるものとする。

①　次に掲げる否認権は、それぞれ次に定める者に対する嫡出否認の訴えによって行う。

ア　父の否認権　　子又は親権を行う母

イ　子の否認権　　父

ウ　母の否認権　　父

エ　前夫の否認権　　父及び子又は親権を行う母

②　①のア又はエに掲げる否認権を行使する場合において、親権を行う母又は未成年後見人がいないときは、家庭裁判所は、特別代理人を選任しなければならない。

(3)　嫡出の承認に関する規律の見直し

民法第776条の規律を次のように改めるものとする。

父又は母は、子の出生後において、その嫡出であることを承認したときは、それぞれその否認権を失う。

(4)　嫡出否認の訴えの出訴期間を伸長する方策

民法第777条の規律を次の①及び②の規律に改めるとともに、同条に③及び④の規律を追加するものとする。

①　次に掲げる否認権の行使に係る嫡出否認の訴えは、それぞれ次に定める時から３年以内に提起しなければならない。

ア　父の否認権　　父が子の出生を知った時

イ　子の否認権　　その出生の時

ウ　母の否認権　　子の出生の時

エ　前夫の否認権　　前夫が子の出生を知った時

②　①のイの期間の満了前６か月以内の間に親権を行う母及び未成年後見人がないときは、子は、母の親権停止の期間が満了し、親権喪失若しくは親権停止の審判の取消しの審判が確定し、若しくは親権が回復され、又は未成年後見人が就職した時から６か月を経過するまでの間は、嫡出否認の訴えを提起することができる。

③　子は、その父と継続して同居した期間（当該期間が二以上あるときは、そのうち最も長い期間）が３年を下回るときは、①イ及び⑥イの規定にかかわらず、21歳に達するまでの間、嫡出否認の訴えを提起することができる。ただし、子の否認権の行使が父による養育の状況に照らして父の利益を著しく害するときは、この限りでない。

④　1(1)②の規定は、③の場合には、適用しない。

⑤　①エに掲げる否認権の行使に係る嫡出否認の訴えは、子が成年に

達したときは提起することができない。

⑥　第２の１③の規定により父が定められた子について、⑴の規定により否認権が行使されたときは、次に掲げる否認権の行使に係る嫡出否認の訴えは、①の規定にかかわらず、次に定める時から１年以内に提起しなければならない。

ア　第２の１①前段又は同④の規定により読み替えられた同③の規定により新たに子の父と定められた者の否認権　　新たに子の父と定められた者が当該子に係る嫡出否認の裁判が確定したことを知った時

イ　子の否認権　　子がアの裁判が確定したことを知った時

ウ　母の否認権　　母がアの裁判が確定したことを知った時

エ　前夫の否認権　　前夫がアの裁判が確定したことを知った時

（以下略）

以上が嫡出否認制度に関する規律の見直しの基本的部分である。繰り返しになるが、見直しの対象となる規律の基幹部分のみ確認的に整理してみよう。

まず、**嫡出否認権者を拡大する方策**が採られている点である。

現行の民法774条は、民法772条の推定が及ぶ子については、夫（父）のみにその父子関係を否認することができるとしている。現行民法が嫡出の否認権を夫にのみ限定し、その権利の行使期間も民法777条により、夫が子の出生を知った時から１年以内と短く制限しているのは、民法772条で推定される父子関係を早期に確定し、出生子の地位を安定させ、家庭の平穏を守るためであることと、また、期間の経過により夫が子の父子関係を黙示に承認したと考えられること、時間の経過によって証拠が散逸するおそれがあること等が指摘されている。また、夫は通常、妻が懐胎した子との生物学上の父子関係について判断し得る立場にあることや、その夫が嫡出否認の訴えを提起することなく提訴期間を経過した場合には、夫による子の養育を期待することができると考えられたことによるものとされている。

他方で、現行制度に対しては、（前）夫の協力を得られない母や、夫から家庭内暴力を受けている母などが、その子が戸籍上（前）夫の子と記載されることを避けるために出生届を提出しないことがあり、このことが無戸籍問題の原因となっているとの指摘がされている。生まれた子について、出生届の提出がされることを確保することが重要であり、そのためには、（前）夫以外の者の子を出産した女性が、自らのイニシアティブで父子関係を否定する方法を認めることが有益である。そして、戸籍がないことによる不利益を防止する観点からは、子の出生直後、少なくとも子が社会生活を開始し、具体的な不利益を被ることとなる時までに、嫡出推定される父子関係を否定することが重要である。これを実現するための方策として、子に否認権を認めた上で、子は自ら否認権を行使することができないため、子の母や子の未成年後見人という適切な者に子の否認権を行使することを認めることや母に否認権を認めることが考えられる（法務省民事局参事官室「民法（親子法制）等の改正に関する中間試案の補足説明」41頁、2021年２月（商事法務、2021年４月））。

こうした考え方等を根拠に否認権者を拡大する方策が要綱案により示されたもので極めて画期的かつ妥当な見直しであろうと思われる。

次に**嫡出否認の訴えに関する規律の見直し**についてである。それぞれの否認権者が誰を相手に訴えを起こすかについて提言している。

ア　父の否認権➡子又は親権を行う母

イ　子の否認権➡父

ウ　母の否認権➡父

エ　前夫の否認権➡父及び子又は親権を行う母

ただし、ア又はエに掲げる否認権を行使する場合において、親権を行う母又は未成年後見人がいないときは、家庭裁判所は、特別代理人を選任しなければならない。

さらに、**嫡出の承認に関する規律の見直し**である。現行法では、当然のことながら夫のみに否認権が認められているので、子の嫡出性の承認も、父のみに認められているが、嫡出否認制度の見直しにより母にも否認権が認められたことによる見直しである。嫡出否認権の消滅原因である。現行法では夫が嫡出子出生届をしたことは、嫡出性を承認したことにはならないとされている。嫡出子出生の届出は父だけでなく母にも父と同順位の義務を負っているので同じ解釈が採られるのは当然であろう。見直し案では、父又は母は、子の出生後において、その嫡出であることを承認したときは、それぞれその否認権を失う、としている。承認の内実が問題となろう。

次は**嫡出否認の訴えの出訴期間を伸長する方策**である。現行民法の夫のみに認めている否認権の行使期間は「子の出生を知った時から１年」という短期の出訴期間が規定されているが、今回の見直しでは３年以内に提起しなければならないとしている。つまり、①父の否認権は、父が子の出生を知った時、②子の否認権は、その出生の時、③母の否認権は、子の出生の時、④前夫の否認権は、前夫が子の出生を知った時、からそれぞれ３年以内に提起しなければならないこととされている。３年という期間が妥当かどうかは難しい判断であるが、夫の否認権行使の機会を保障するという要請と子の身分関係の早期の安定の要請との調和を図ることが必要であろうが３年というのはぎりぎりの限界的年限ではないだろうか。

要綱はこれら以外に、見直しに伴う措置として、人事訴訟法、家事事件手続法に所要の関係規定を設けることをも明らかにしている。

いずれにしても嫡出否認制度の見直しは抜本的なものではあるが、ここまで拡大する必要があるのかは疑問なしとしない。

３　第三者の提供精子を用いた生殖補助医療により生まれた子の親子関係に関する民法の特例に関する規律の見直し

民法（親子法制）等の改正に関する要綱案の第４に以下のような見直しの内容が記されている。最初にそれを紹介しておこう。

第４　第三者の提供精子を用いた生殖補助医療により生まれた子の親子関係に関する民法の特例に関する規律の見直し

生殖補助医療の提供等及びこれにより出生した子の親子関係に関する民法の特例に関する法律第10条の規律を次のように改めるものとする。

妻が、夫の同意を得て、夫以外の男性の精子（その精子に由来する胚を含む。）を用いた生殖補助医療により懐胎した子については、夫、子又は妻は、第３の１⑴①及び③の規定にかかわらず、その子が嫡出であることを否認することができない。

これは既に嫡出否認制度の拡大のところで触れたように否認権者の拡大の見直しに関連するものである。要綱案の内容に入る前に「生殖補助医療の提供等及びこれにより出生した子の親子関係に関する民法の特例に関する法律」について簡単に説明しておこう。

令和２年12月４日、第203回国会において、議員立法である「生殖補助医療の提供等及びこれにより出生した子の親子関係に関する民法の特例に関する法律」（令和２年法律第76号）が成立し、同月11日に公布された。生殖補助医療に関する法制化の作業が平成17年ころに生殖補助医療の範囲、運用方針、生殖補助医療によって生まれた子の親子関係等について関係政府機関（厚生労働省、法務省等）においてかなり進展し、法制化への一歩手前と言ってよいくらいまで検討作業が進んでいたにもかかわらず、なぜかその後その動きが頓挫してしまっていた。そうした中で、唯一生殖補助医療に関して行われた立法がこの議員立法なのである。この法律は全体が10条からなる極めてコンパクトなものであるが、ここでは、この特例法の見直しに関係する条文のみ掲げておこう。それは、「他人の精子を用いる生殖補助医療に同意をした夫による嫡出の否認の禁止」にかかるもので、法文は以下のようになっている。

第10条　妻が、夫の同意を得て、夫以外の男性の精子（その精子に由来する胚を含む。）を用いた生殖補助医療により懐胎した子については、夫は、民法774条の規定にかかわらず、その子が嫡出であることを否認することができない。

この規定は、民法の嫡出推定制度を前提に嫡出否認手続の面から夫の同意があることを嫡出否認権の発生障害事由とする規定となっている。つまり、本条の趣旨は、妻が第三者の提供精子による生殖補助医療により子を懐胎することについて同意した夫は、出生した子を自らの子として引き受ける意思を有していると考えられることから、父としての責任を負わせることが相当であり、現行の嫡出否認制度を前提に、夫が嫡出否認をすることができないとすることで、誰も父子関係を争うことができなくなるものとし、子の地位の安定を図ることにあるとされている。

ところで、既にみてきたように、今回公表された要綱案の第３の嫡出否認制度に関する規律の見直しにおいて、夫のみを否認権者とする現行の嫡出否認制度を見直して、否認権者を子、母、再婚後の夫の子と推定される場合における前夫に否認権を認めること等の否認権者の拡大を図っており、このような見直しをした場合に、第三者の提供精子による生殖補助医療により生まれた子の父子関係の規律については、同意が重要なメルクマールとなるとの指摘や、子の身分を守ることができるような手当をする必要があるとの指摘等もあったようである。

前記のとおり生殖補助医療の提供等及びこれにより出生した子の親子関係に関する民法の特例に関する法律第10条は、第三者の提供精子による生殖補助医療により生まれた子の父子関係を確定させ、子の地位を安定させることを目的として、当該生殖補助医療について夫が同意したときは、夫が嫡出否認をすることができないことを明確にしたものであるが、今回の嫡出否認制度の見直しにより、新たに夫以外の者に否認権を認めることとしており、その趣旨からすると、妻が、夫の同意を得て、夫以外の男性の精子（その精子に由来する胚を含む。）を用いた生殖補助医療により懐胎した子については、夫、子又は妻は、その子が嫡出であることを否認することはできないことになる、ということであろう。

4　認知制度の見直しについて

最初に要綱案の「第５　認知制度の見直し等」の内容を紹介することにしよう。

第５　認知制度の見直し等

1　認知の無効に関する規律等の見直し

(1)　認知の無効に関する規律の見直し

民法第786条（筆者注・子その他の利害関係人は、認知に対して反対の事実を主張することができる。）の規律を次のように改めるものとする。

①　次に掲げる者は、認知について反対の事実があることを理由として、それぞれ次に定める時（認知の時に子が胎内に在った場合にあっては、子の出生の時）から７年以内に限り、認知の無効の訴えを提起することができる。ただし、子の母について、その認知の無効の主張が子の利益を害することが明らかなときは、この限りでない。

ア　子又はその法定代理人　　子又はその法定代理人が認知を知った時

イ　認知をした者　　認知の時

ウ　子の母　　子の母が認知を知った時

②　子は、認知をした者と認知後に継続して同居した期間（当該期間が二以上あるときは、そのうち最も長い期間）が３年を下回るときは、①の規定にかかわらず、21歳に達するまでの間、認知について反対の事実があることを理由として、認知の無効の訴えを提起することができる。ただし、子の認知の無効の主張が認知をした者による養育の状況に照らして認知をした者の利益を著しく害するときは、この限りでない。

③　子の法定代理人は、②の訴えを提起することができない。

④　認知の無効の訴えにより認知が無効とされた者は、子に対して、

自らが支出した子の監護のための費用の償還を求めることができない。

⑵　人事訴訟法の規律の新設

民法第786条に規定する認知の無効の訴えの出訴権者が死亡した場合に、次のような規律を設けるものとする。

①　認知をした者が、子の出生前に死亡したとき又は1⑴の出訴期間内に認知の無効の訴えを提起しないで死亡したときは、その子のために相続権を害される者その他認知をした者の三親等内の血族は、認知の無効の訴えを提起することができる。この場合においては、認知をした者の死亡の日から1年以内にその訴えを提起しなければならない。

②　認知をした者が、認知の無効の訴えを提起した後に死亡した場合には、①の規定により認知の無効の訴えを提起することができる者は、認知をした者の死亡の日から6月以内に訴訟手続を受け継ぐことができる。この場合においては、民事訴訟法第124条第1項後段の規定は、適用しない。

③　子が、1⑴①の出訴期間内に認知の無効の訴えを提起しないで死亡したときは、子の直系卑属又はその法定代理人は、認知の無効の訴えを提起することができる。この場合においては、子の死亡の日から1年以内にその訴えを提起しなければならない。

④　子が、1⑴①の出訴期間内に認知の無効の訴えを提起した後に死亡した場合には、子の直系卑属又はその法定代理人は、子の死亡の日から6月以内に訴訟手続を受け継ぐことができる。

⑶　家事事件手続法の規律の新設

民法第786条に規定する認知の無効についての調停の申立人が死亡した場合に、次のような規律を設けるものとする。

①　認知をした者が認知の無効についての調停の申立てをした後に死亡した場合において、当該申立てに係る子のために相続権を害され

る者その他認知をした者の三親等内の血族が認知をした者の死亡の日から１年以内に認知の無効の訴えを提起したときは、認知をした者がした調停の申立ての時に、その訴えの提起があったものとみなす。

② 子が認知の無効についての調停の申立てをした後に死亡した場合において、子の直系卑属又はその法定代理人が子の死亡の日から１年以内に認知の無効の訴えを提起したときは、子がした調停の申立ての時に、その訴えの提起があったものとみなす。

2　国籍法に関する規律の見直し

国籍法に次のような規律を加えるものとする。

国籍法第３条に規定する認知された子の国籍の取得に関する規定は、認知について反対の事実があるときは、適用しない。

3　胎児認知の効力に関する規律の新設

民法第783条に次のような規律を加えるものとする。

認知された胎児が出生した場合において、第２の１の規定により子の父が定められるときは、胎児認知は、その効力を生じない。

以上が要綱案における認知制度の見直し等に係る部分の見直しの内容である。これらの規律のうち、認知の無効に関する規律の見直し部分と、国籍法に関する規律の見直し及び胎児認知の効力に関する規律の新設部分について簡単に触れてみよう。

最初に新しい規律の理解に資するために現行法の規定について少し触れておくことにしたい。

現行民法786条は「子その他の利害関係人は、認知に対して反対の事実を主張することができる」と規定している。いわゆる任意認知に関する規定である。任意認知は、認知者と被認知者との間に法的親子関係を発生させるものであるが、その実質は、既に存在する血縁上の親子関係を、法的親子関係として承認する行為であると言えよう。任意認知をこのように定義するとすれば、血縁上の子でない者を任意認知してもそれによって法的親子関係が発生することはないことになろう。そこで、本条は、真実に反する任意認知があったときには、認知された子その他の利害関係人が認知に対して反対の事実（血縁関係の不存在）を主張して、法的親子関係の成立を否認できることを規定したものである。

真実に反する任意認知が、誤認による場合であれ、故意になされた場合であれ、無効であるとすることにほぼ異論はないと言えよう。

事実に反する任意認知の効力をこのように解する場合には、民法786条が規定する反対の事実の主張とは要するに認知無効の主張にほかならない。ところで、本条にいう「反対事実主張権者」とは具体的に誰が入るのであろうか。「子その他の利害関係人」と抽象的な形になってはいるが、可能ならば法文上で何らかの形で明文化した方がいいと思われるが、立法技術として難しいのかも知れない。しかし、今回の要綱案ではそこは明確にされている。

この点については、従来は具体的ケースに応じて、子の母、子を認知しようとする者、認知者の配偶者や子、認知によって相続権を害される者等が考えられていた。問題は認知者自身が含まれるかどうかであった。判例は平成26年１月14日の最高裁判決（民集68巻１号１頁）において「認知者は、民法786条に規定する利害関係人に当たり、自らした認知の無効を主張することができるというべきである。この理は、認知者が血縁上の父子関係がないことを知りながら認知をした場合においても異なるところはない。」と判示して肯定説に立つことを明らかにした。学説には、いったん自らの意思で不実の認知をした父に無効主張を許す結果となることを不当として否定する見解も有力である（内田貴『民法Ⅳ［補訂版］親族・相続』193頁ほか（東京大学出版会、2004)）。しかし、認知が真実に反するという認知無効の訴えの趣旨からすれば認知者自身も認められるべきと解すべきであろう。

さて要綱案である。現行法の規定と比較すると、まず第一に、現行法の認知無効の訴えについては出訴期間の定めがないのに対し、見直し案では特定の時から７年以内に限り認知無効の訴えを提起できるとしている。子の地位の安定という面からは、７年という期間の是非は別として妥当な規律であろう。さらに、見直し案では、「子その他の利害関係人」と規定している現行法に対して、認知について反対の事実があることを理由として認知の訴えを提起することができる者を明示している。つまり、①子又はその法定代理人（子又はその法定代理人が認知を知った時から７年以内)、②認知をした者（認知の時から７年以内)、③子の母（子の母が認知を知った時から７年以内）とされている。なお、子については一定の場合には21歳に達するまでの間、認知の無効の訴えを提起することも認められている。この見直し案に沿った改正が行われれば従来議論のあった認知者自身も認知無効の訴えを認められるかどうかという問題は解決することになる。認知者は、民法786条に規定する利害関係人に当たるとした最高裁判決（平成26年１月14日、民集68巻１号１頁）とも一致することになる。

なお、要綱案では、民法786条に規定する認知の無効の訴えの出訴権者が死亡した場合について人事訴訟法に新たな規律を設けて対応することも明らかにしている。また、民法786条に規定する認知の無効について調停の申立て（家事事件手続法257条）をした後に死亡した場合の事後の手続等についてもその内容を明らかにしている。

いずれにしても現行民法786条の認知無効の訴えについてはその提訴権者、提訴の時期等について具体的、明示的な規定に変わることになりそうである。

次は国籍法３条との関連の問題である。国籍法３条は次のような規定となっている。

「父又は母が認知した子で20歳未満のもの（日本国民であつた者を除く）は、認知をした父又は母が子の出生の時に日本国民であつた場合において、その父又は母が現に日本国民であるとき、又はその死亡の時に日本国民であつたときは、法務大臣に届け出ることによつて、日本の国籍を取得することができる。
②前項の規定による届出をした者は、その届出の時に日本の国籍を取得する。」

この規定は、平成20年12月12日、国籍法が改正（平成21年１月１日施行）され、出生後に日本人に認知されていれば、父母が婚姻していない場合にも届出によって日本の国籍を取得することができるようになったものである。少し参考までに改正の経緯について触れておこう。

改正点は二つあった。一つは、出生後に日本人の親に認知された子の届出による国籍取得（国籍法３条の国籍取得届）についてである。改正前の国籍法では、日本人の父から認知されていることに加えて、父母が婚姻していることが要件とされていたが、平成20年の改正により、父母が婚姻していることという要件が削除され、認知がされていることのみで日本国籍を取得することができるようになった点である。今一つは、国籍取得の届出に際して、虚偽の届出をした者に対する罰則が設けられたことである。

このような改正がなされたのは、平成20年６月４日、最高裁判所は「日本国民である父と日本国民でない母との間に出生した後に父から認知された子について、父母の婚姻による嫡出子たる身分を取得した（準正があった）場合に限り、日本国籍の取得を認めていることによって、認知されたにとどまる子と準正のあった子の間に日本国籍の取得に関する区別を生じさせていることは、憲法第14条に違反する」との判決が出た。この判決を受けて、違憲状態を解消するため、父母が婚姻していない子にも届出による日本国籍の取得を可能とすることなどの改正がされたものである。罰則が設けられたのは、日本人男性と子との間に実際には親子関係（血縁関係）がないのに、親子関係があると偽って認知届をし、その認知事項が記載された戸籍謄本を添付書類として国籍法３条の国籍取得の届出書を法務大臣に提出して不正に日本国籍を取得しようとする事実が発生する懸念があったからである。

こうした制度設計は憲法の理念に即したもので内容的には全く問題のないものであったが、問題は「認知」の真実性を担保するという運用面での施策が必ずしも十分ではなかったということであろうか。虚偽の国籍取得の届出を防ぐために罰則規定を設けたが、これがどこまで機能しているかはわからない。今回の要綱案が「国籍法第３条に規定する認知された子の国籍の取得に関する規定は、認知について反対の事実があるときは、適用しない。」としたのは、要するに認知無効の場合には、日本国籍の取得を認めないということであって、そのような措置を採ることについて年限の制限も置いていないことを見れば虚偽認知等による日本国籍取得の防止に実際的効果をもたらすものと思われる。国籍法３条の規定とともにどのような運用方針が用意されるのか注目したい。

最後は胎児認知の効力に関する規律の新設についてである。認知であれ、胎児認知であれ、認知の対象は嫡出でない子であるから見直し後の規定により夫の子と推定され父が定まる子であれば当然その子を対象とした胎児認知の効力は生じない。

5　養子縁組制度（特別養子縁組制度を除く）について

我が国の養子縁組制度は普通養子縁組と特別養子縁組の二つの制度により成り立っている。そして、普通養子縁組は成年養子と未成年養子の二つの種類に分類し得る。我が国では成年養子縁組（養子となる者が成年者である養子縁組）が圧倒的に多いのが一つの特色である。加えて、成年養子縁組の目的が多様である。例えば、子に家庭を与えるためのものもあれば、家の後継者や事業の後継者を確保するためのものもあり、節税目的に行われる場合もある。このような目的の多様性は、養子縁組制度自体の目的が特定できない制度であるが故の特徴である。養子法の歴史は、家のための養子法からスタートし、親のための養子法というプロセスを経て、近代的養子法は、子のための養子法になったと言われている。しかし、養親の親族でない子を養子とする他児養子が欧米では多いのに日本では少なく、また婚外子を養子にする率も外国に比較して低い、つまり、多くは嫡出子の養子である（内田貴『民法Ⅳ［補訂版］親族・相続』249頁（東京大学出版会、2004））。そして、児童福祉型の養子縁組件数が少ないことも指摘されている。これらのことは、日本の養子制度を「子のための養子」に特化することが要請されているとまではいえず、したがって、多様な目的に使いうる一般的な養子制度を置いておく必要はあろうと指摘されている（前掲・内田249頁）。

日本の普通養子縁組制度の特徴的なところを素描したが、こうした制度に対しては従来から改革の声も挙げられていた。例えば床谷文雄教授は既に「養子法」（中田裕康編『家族法改正—婚姻・親子関係を中心にして』85−118頁（有斐閣、2010））において、こう述べている。「すなわち、①日本では成年養子の数が圧倒的に多く、しかも多様な目的（氏の変更、扶養、相続、人身売買の隠れ蓑、在留許可の取得等）に利用されているため、子の福祉の観点からすれば、制度自体の廃止ということも考えられなくはないが、相続契約や扶養契約等の個別契約あるいは遺言によっては代替し得ない「親子」という包括的身分関係を基礎とした扶養、相続、祭祀承継等の権利義務の安定と心情的保障の効果は無視できないとして、存置するとしながらも、客観的に親子関係と矛盾することが明らかな関係を排除するため、同年養子、元配偶者養子を認めないとする。②(i)養親となる者の年齢につき、原則成年とし、単親で未成年者を養子とする場合には、監護の能力の観点から年齢的な成熟を確保するために25歳以上とし、同時に、養親と養子の年齢差を15歳以上とする。(ii)15歳未満の未成年者の養子縁組については、法定代理人の代諾が必要であるところ、養子となる未成年者が12歳以上の場合には、子の意見表明権の観点から、養子の同意を得るものとした。法定代理人が代諾をする場合、監護に関与する意思を有する父母（監護権者、面会交流を行いあるいはそれを請求する者等）に限り同意を求めることにしている。第三者（祖父母等親族、里親等）が未成年者の監護をしている場合には、その同意を要しないが、その意思に配慮して、家庭裁判所はその監護者の意見を聴取することを提案している。(iii)子の利益の観点から、連れ子養子、孫養子等を含めたすべての未成年養子縁組につき家庭裁判所の許可を求めるとともに、離縁についても家庭裁判所の許可を必要とするべきものとした。（以下略）。」

この改正提案は10余年前の著作に基づくものであるが、いずれもピンポイントを射ているもので傾聴に値するものである。養子縁組の本質は何か、養親子関係に求められる法的要件はいかにあるべきか、子のための養子法の確立の視点からの「子の利益」のための家庭裁判所の積極的活用等、普通養子縁組の抱える問題点についての鋭い提言であると言えよう。これらの提言は関係政府機関の審議検討の場においても是非活かして欲しいと思う。それでは、現在養子縁組制度において緊急的に改善改革を求められている分野はどこであろうか。一つ挙げればやはり未成年養子縁組の分野であろうか。

■未成年養子縁組を中心とした養子制度について

令和元年11月に公益社団法人商事法務研究会が「家族法研究会」（座長・大村敦志学習院大学教授）を立ち上げた。そして、令和元年11月から令和３年２月までの間に合計14回の会議を重ね、同月に「家族法研究会報告書～父母の離婚後の子の養育の在り方を中心とする諸課題について～」をとりまとめた。この研究会の立ち上げの趣旨によれば、民法の家族法分野について近年、複数の改正が行われ、現在も、法制審議会民法（親子法制）部会において、嫡出推定制度等の在り方について検討されているが、家族法分野においては、なお、複数の課題が残されているところであるとし、その中の一つの問題として、令和元年の特別養子制度の見直し（令和元年法律第34号）の際に積み残しとされた普通養子縁組の在り方もいまだ手つかずになっているとしている。このような認識のもとに普通養子縁組制度の問題もこの研究会の検討事項の一つとされたようである。

「未成年養子縁組を中心とした養子制度について」の総論的な論点としては、未成年養子縁組の制度趣旨を、養親となる者が養子となる者を養育する親子関係を形成するものと捉えることを前提としつつ、未成年養子縁組について、家庭裁判所が許可をする場合の判断基準や、未成年養子縁組における縁組意思について整理することが提案されている。

また、未成年養子縁組について家庭裁判所の許可が不要とされている連れ子養子や孫養子について、これらの場合にも家庭裁判所の許可を要することとすることの当否についても更に検討を進めることが提案されている。更に、未成年の養子との離縁について、家庭裁判所の許可を要することとすることなど、何らかの規制を加えることについても、さらに検討を進めることが提案されている。

以下では、この家族法研究会報告書（令和３年２月）のうち、第９の「未成年養子縁組を中心とした養子制度」の論述を援用しつつ問題点と課題等を整理してみることにしよう。

(1)　未成年養子縁組の目的について

現行民法の第４編第３章親子第２節の養子編における縁組要件等の規定は極めて簡潔である。そのうち、未成年者が縁組の当事者となる場合の条文も第794条（後見人が被後見人を養子とする縁組）、第795条（配偶者のある者が未成年者を養子とする縁組）、第797条（15歳未満の者を養子とする縁組）、第798条（未成年者を養子とする縁組）の４か条に過ぎない。そして、これらの条文の中には、未成年者養子縁組の制度の趣旨とか目的等に関する規定は一切ない。それは成年養子における縁組目的の多様性の受容と同様に単純に縁組目的を明らかにすることが立法技術的にも難しいという面があったのかも知れないし、もともとそのような意図はなく個々の法文の解釈から「目的」は自ずと明らかになるということであったのかも知れない。いずれにしても、民法の規定において、未成年養子縁組の目的を直接的に規定する条文は見当たらない。しかし、未成年養子縁組が成立すると、養親が養子の親権を有することとされている（民法818条２項）ことを考えれば、未成年養子縁組は、養親が養子を養育することによって、養子の利益を図るための制度と捉えるべきものと考える立場がある（前記家族法研究会報告書142頁）。むしろ、養親子関係の成立によって自然的親子関係と同じ法的親子関係が成立するのであるから、法的親子関係の成立とそこから生じる法的効果を享受する利益を確保（担保）するための制度と捉えるべきではなかろうか。

また、民法第798条本文では、未成年者を養子とするには、家庭裁判所の許可を得なければならないとされているが、その場合の許可の基準や許可に際しての考慮要素については、何ら定めはなく、家庭裁判所に丸投げの形である。これも、未成年養子縁組の目的が明らかでないため、その射程は広く、定めようがないということであろう。

この点について、家族法研究会では、例えば、相続税の節税を目的とした未成年養子縁組であって、実際には養親が養子を養育する意思がおよそないというような類型について、縁組の結果として養子が相続によって経済的利益を得ることができることをどのように評価すべきかという点も検討されたが、そのような経済的利益は、未成年養子縁組が実現しようとしている養子となる者の利益とは異なるものと考えることについて、概ね理解の一致が見られた、とされているが、正しい認識ではなかろうか。

そこで、未成年養子縁組の制度趣旨及び縁組意思について、以下のような考え方が示されている。「未成年者は、養親となる者から養育を受けることが、当該未成年者の利益となる場合に限り、養子となることができる旨の規律を設けることとしてはどうか。

未成年養子縁組における縁組意思を、養親となる者が養子となる者を養育する親子関係を形成しようとする意思と捉えることとしてはどうか。」

前段は養子縁組が法的親子関係を形成するものであるから極めて当然の考えであり支持できるし、後段の縁組意思も妥当なものであり、このアイデアでいくと、例えば、前記の節税養子は縁組意思の存否について否定的結論を導くことになるのかも知れない。

(2)　未成年養子縁組の効果

ア　縁組後の親権に関する規律

家族法研究会での検討の中では、例えば、節税を目的とする孫養子等では、実際には、養親が養子を監護していない場合もあると考えられるところ、現実の監護者と親権者とが一致していないことがあり、それが養子にとって不都合を生ずるおそれがあるという観点から、未成年養子縁組をした場合には、当事者（養親・実親・子自身等？）の選択により、縁組後の親権を行使する者を実親又は養親のいずれかと定めることもできるとの規律を設けることも検討されたようである。しかし、この案は賛同できない。未成年者養子縁組の目的を前記のとおり、「養親が養子を養育することによって、養子の利益を図るための制度」と捉えるならば、この場合の縁組後の親権は養親が行使することが自然かつ当然の結論であると思われる。研究会もこの点については現時点では深追いしないこととされたようである。そこで、未成年養子縁組後の親権に関する規律については以下のような案が提示されている。

「未成年養子縁組が成立した場合の養子に対する親権について、当事者の選択により、養親が行使することとすることも、実親が行使することもできることとする規律を設けることについては、引き続き状況を見守ってはどうか。

その上で、未成年養子縁組後の親権の在り方に関し、例えば、以下のような規律を設けることとしてはどうか。

①　養子に対する親権は、専ら養親（複数回の縁組がされている場合には、その最後の縁組に限る。）が行使する。

なお、未成年養子縁組成立後にも、実親が養親による親権行使に干渉することがあるとの指摘があることを踏まえ、親権に関する一般的な規律として、親権を行使する者は、その親権行使を妨害する者がいるときは、その妨害を排除することができるとの規律を設けることが考えられる。

②　上記①の場合において、親権を行使する養親の配偶者が養子の親である場合（親権者でない親の配偶者が連れ子養子をした場合も含む。）には、養子に対する親権は、養親及び当該配偶者が行使する。

③　上記②の場合において、養親と実親とが離婚をするときについては、父母が離婚をする場合と同様の規律を置く。

④　未成年養子縁組がされた場合において、親権を行使する者が全て死亡したときは、「第４.１⑶」（筆者注・全ての親権者が死亡した場合において、他に親がいるときの親権の所在について、親権者の死亡によって当然に親権者の変更が生ずることはなく、その場合には、常に未成年後見が開始することを明示してはどうか）の規律に従う（養子について未成年後見が開始するが、他の親は親権者の変更の申立てをすることができる。）」。

以上である。

①の親権行使に対する妨害排除については、理論的にはそのとおりであるが、仮に、親権に関する一般的な規律で対応するとしても、妨害の内容、排

除の方法、排除権者等について具体的な立法が果たして可能であろうか。

②は、いわゆる連れ子養子縁組がされた場合の規律であり、養親とその配偶者が親権を共同行使することとするものである。

③は、連れ子養子縁組の場合において、親権を共同行使する実親と養親が離婚する場合の規律であり、父母が離婚をする場合と同様の規律を置いて、個別に調整させることとするものである。

イ　関連する論点

現行法については、例えば、父母の離婚後に親権者とされた方が死亡した場合には、他方の親が親権者となることができるか否かの点については規定を欠いている。この点については、学説は、①未成年後見が開始し、他方の親が親権者となることはできないとする説、②他方の親の親権が当然に復活するとする説、③未成年後見人の選任の前に限って、他方の親が親権者として適任であれば、親権者変更を認めるという説、④後見人選任の先後を問わず、生存親に親権者変更することができるとする説等があり、かっては①が通説的であったが、近時は、学説・実務も④が多数説になっているとの指摘がある（松川正毅＝窪田充見編『新基本法コンメンタール親族［第２版］』240頁（日本評論社、2019））。筆者は②説を支持している。他方の親が再婚等により既に他人の親権者となっているような場合を除き当然復活すると考えるのが親権制度の趣旨に合致するものと考えるからであるが、④も親権者変更の審判の際にその適任性をスクリーニングできるので支持できると考える。

その他、未成年養子縁組に直接関係しない場合における親権の在り方や、親権者の再婚に際して連れ子と再婚相手との間に養子縁組がされていない場合に、再婚相手が連れ子の養育に関与できるか等、連れ子と再婚相手との関係のうち親権の在り方と関連性の高いものについて、規律が明らかでないものがあるとの指摘もあったようである。

親権者の再婚相手は、連れ子養子縁組をしない限り親権を行使することができないことは明らかであるが、実際には同居生活を送ることになる可能性が高い関係性について何らかの規律をする必要があるかが問題となるという問題意識があるようである。果たしてそのようなケースが理論的ではなく実際にあるのかどうか、その実体を明らかにするのが先決ではなかろうか。

(3)　未成年養子縁組の成立要件関係について

①　民法第792条及び民法第793条関係（養親となる者の下限年齢の引き上げ、養親子間の年齢差）について

参考までに上記の二つの法文を掲げておこう。

（養親となる者の年齢）
第792条　成年に達した者【20歳に達した者：令和４年４月１日以降】は、養子をすることができる。
（尊属又は年長者を養子とすることの禁止）
第793条　尊属又は年長者は、これを養子とすることができない。

平成29年７月に立ち上げられた「特別養子を中心とした養子制度の在り方に関する研究会」がその検討の成果としてまとめた「特別養子を中心とした養子制度の在り方に関する中間報告書」（以下では、「養子研中間報告書」という。）では、未成年養子縁組は未成年者の養育のために行われるべきものであることを前提として、養親となる者が未成年者を養育するために十分に成熟していることを確保するため、未成年養子縁組について、養親となる者が一定の年齢に達していることを要件とするという考え方や、養親子間に一定の年齢差があることを要件にするという考え方が論点として掲げられていた。

もっとも、この点については、同報告書以降の法改正の際にも問題となっており、まず、養親となる者の年齢については、平成30年民法改正前の民法第792条において、成年に達した者（20歳）でなければ養子をすることができないこととされていたところ、同改正によって成年年齢が18歳に引き下げられた際にも、上記のとおり、養親となる者は20歳に達していなければなら

ないという規律が維持された。同改正に関する調査審議を行った法制審議会民法成年年齢部会では、養親年齢について、①成年年齢とともに18歳に引き下げる、②20歳を維持する、③引き上げるという３つの方向性が議論されたが、養親になることは他人の子を法律上自己の子として育てるという重い責任を伴うことであること等を考慮すると、養親年齢を18歳に引き下げるのは適切でないと考えられることや、20歳という制度で特段不都合が生じていないことを理由として、20歳を維持するという考え方が採用されている。

また、養親子間の年齢差の点については、令和元年民法等一部改正に関する調査審議を行った法制審議会特別養子制度部会において、特別養子縁組における養子となる者の上限年齢の引き上げに際し、養親子間の年齢差についての検討がされたが、法律で一律に定めるよりも、個別具体的な事案に応じ、家庭裁判所が、実親子関係と同様の実質的な親子関係を形成することにより子を養育するという特別養子制度の趣旨に照らして、養親となる者の適格性を判断する際に、養親子の年齢差を考慮することとされ、このような要件は設けられなかったものである。

これらの経過に照らせば、現時点では、養親となる者の下限年齢や、養親子間の年齢差については、直ちに見直しをすべき必要があるとはいえないと考えられることから、引き続き、未成年養子縁組の利用状況等の状況を見守ることが提案されている（家族法研究会報告書151頁）。

この部分については若干異論があるので簡単に述べておきたい。

まず、養親となる者の年齢の問題である。養親子関係を結ぶということはまさに法的親子関係の成立を導くものでその重要な効果は他人の子を自己の子として養育することであり、必然的に養親となる者は自然的親子関係における親と同じ地位に置かれることを意味する。そのような重大な効果を伴う養親となる者が20歳で果たして適切かどうかは極めて疑問である。このことは単に養親だけの問題ではない、養子となる者の利害にも大きく関わっているのである。もともと養子縁組制度について基本的理念の欠けているところが根本的問題であるが、それはともかくやはり「親子関係らしさ」の外観を備えることも大事なことであろう。私見では養親となる者の年齢は最低でも「25歳」あたりが適当ではないかと考えている。

次に養親子間の年齢差である。この点についても、法律で一律に定めるよりも、家庭裁判所が、養親の適格性を判断する際に、養親子の年齢差を考慮するとするのも確かに一案ではあるが、ここでも問題の核心は未成年養子縁組における制度目的の理念は何かということである。親子関係の創設という重大な効果を伴うところのその親子関係にどのような具体像をイメージするか、しないか、の問題である。少なくとも養親子間では15歳程度の年齢差を置くのが妥当ではなかろうか。

②　民法第795条ただし書き関係（未成年者を養子とする場合の夫婦共同縁組の例外の拡大）

参考までに民法第795条の法文を掲げておこう。

（配偶者のある者が未成年者を養子とする縁組）
第795条　配偶者のある者が未成年者を養子とするには、配偶者とともにしなければならない。**ただし、配偶者の嫡出である子を養子とする場合又は配偶者がその意思を表示することができない場合は、この限りでない。**

民法第795条は、配偶者のある者が未成年者を養子とするには、原則として、配偶者とともにしなければならないとしている。その趣旨は、配偶者のある者が養子縁組をする場合に、養子が未成年者であるときは、養子に対する適切かつ円滑な養育のために、夫婦がともに養親となり、共同して親権を行使し、共同で養育を行うことが望ましいと考えられたからである。正しい思考であろう。

もっとも、同条ただし書は、例外的に、配偶者の嫡出子を養子とする場合又は配偶者がその意思を表示することができない場合には、この限りでないとしている。

本項での問題意識は、同条に規定する例外以外にもこれらに準じて例外として加えるものがあるのではないかということである。二つ示されている。

一つは、配偶者の嫡出でない子、であり、今一つは、夫婦で共同して監護することができない事情があるとき、である。

ア　配偶者の嫡出でない子を養子とする場合

民法第795条によれば、配偶者の嫡出でない未成年の子を養子とする場合には、夫婦共同縁組をしなければならないから、例えば、嫡出でない未成年の子Ｘを有するＡがＢと婚姻した場合において、ＢがＸを養子としようとするときは、Ａとともに共同縁組をしなければならないということになる。しかし、このようにＡが実子Ｘとの間で養子縁組をすることには、実親Ａにとって心理的な抵抗感が大きいとの指摘がある。

また、民法第795条の現在の規律は、昭和62年民法改正によって現在の規律になったものであるが、これは、嫡出子と嫡出でない子の法定相続分が異なっていた当時、実親（前記例のＡ）が自己の嫡出でない子を養子として嫡出子の身分を取得させることは、同人の法律上の地位を向上させることになると考えられたためである。そうすると、嫡出子の相続分と嫡出でない子との相続分とに区別がなくなった現在では、このような制度を維持する必要性がなくなっているという指摘もある。

そこで、本報告書では、配偶者の未成年の子を養子とする場合には、その子が嫡出でない未成年者であっても、単独（前記例のＢ）で養子縁組をすることができることとすることを提案しているのである（家族法研究会報告書152頁）。

イ　夫婦で共同して監護することができない事情がある場合

問題意識としては、養親となる者に配偶者がいる場合であっても、夫婦が共同して監護することができない事情があるときは、当該縁組が未成年者の利益に適うものか否かは裁判所の許可の手続で判断されることを前提に、配偶者の同意があれば、単独で養子縁組をすることができることとしてはどうか、という点にある。

この点については、「夫婦で共同して監護することができない事情がある場合」が、例えば、夫婦仲が悪化している場合等を意味するものであるとすると、そのような場合に、養親が養子となる者を適切に養育することができるかについては慎重に検討する必要があるとする意見や、本研究会が実施したヒアリングでは、家庭内の不和の状況が子に与える影響の大きさについて指摘されたこともあり、このような状況下に養子を置くことは類型的に子の利益に反する可能性が高いというべきであるとし、このような状況を考慮すれば、この点については、直ちに見直しをすべき必要性について疑問もあり、引き続き、未成年養子縁組の利用状況等を見守ることが提案されている。

まずアの「未成年者を養子とする場合の夫婦共同縁組の拡大」についての問題であるが、この提案は、従前どおりの共同縁組も単独縁組も選択的に可能とするという案と理解していいのだろうか。そうではなく、仮に提案どおりの改正がなされたら改正後は単独縁組のみが可能となるという趣旨であろうか。前者であればともかく後者が提案の趣旨だとすると疑問である。そのようなケースで未成年の嫡出でない子の親を当該養子縁組から排除する理由はないのではないか。そのケースで実親が実子と縁組することに心理的に抵抗感があるとする指摘も果たしてそうであるか疑問である。

イの「夫婦で共同して監護することができない事情がある場合」の問題については結論が先送りされているくらいであるから特に意見はない。問題意識としては理解できるが果たして改正までして実現しなければならない要因があるのか筆者には不明である。

③　民法第797条関係

民法第797条は以下のような条文となっている。

（15歳未満の者を養子とする縁組）

第797条　養子となる者が15歳未満であるときは、その法定代理人が、これに代わって、縁組の承諾をすることができる。

2　法定代理人が前項の承諾をするには、養子となる者の父母でその監護をすべき者であるものが他にあるときは、その同意を得なければならない。養子となる者の父母で親権を停止されているものがあるときも、同様とする。

問題意識としては、代諾縁組の場合には代諾権者の承諾のみによって養子縁組がされることとされているところ、養子となる者の意思は考慮する必要がないのかどうか、代諾権者について親権及び監護権のいずれも有しない親の同意は考慮する必要はないのかどうか、あるいは、養子となる者が15歳以上の未成年者養子縁組について、未成年者による安易な養子縁組を防ぐという観点から法定代理人の同意を要件としてはどうか、といったような点にあるといえよう。

ア　代諾縁組の制度について

代諾縁組の制度については、養子研中間報告書において、15歳未満の者にも意思（縁組について）を表明する機会を保障すべきとの考え方が記載されており、そこでは、15歳という年齢について、現行法上、遺言（民法961条）、子の氏の変更（民法791条）とともに、身分行為能力の一つの標準とされている年齢であるとしつつも、養子縁組については、実質的に養親となる者の縁組意思に同意するかどうかを判断することができれば足りることから、自ら遺言や氏の変更をする場合とは異なり、これらとはより低い年齢でもその意思を尊重され得ることが指摘されていたようである。この点については、本研究会における検討の過程でも、未成年養子縁組において、養子は、養親に対する扶養義務を負うといった関係性よりも、養親から養育を受けるという関係性が中心となることからすれば、未成年養子縁組における養子となる者の縁組意思能力として要求される水準は、成年者を養子とする養子縁組において要求されるものよりも低くてよいのではないかとの指摘があったようである。

そこで本報告書では、このような指摘も踏まえて、民法第797条の「15

歳」という年齢を引き下げることや、養子となる者が15歳未満であっても一定の年齢に達していれば、養子となる者の意向を聴かなければ未成年養子縁組をすることができないこととすることについて、更に検討を進めることが提案されている。

この点については子の意見（意思）表明権の尊重という理念を明文化することの意義の大きさからも考慮されてよく、前記提案に賛成である。家事事件手続法第65条の存在はこのアイデアの妨げにはならない。実体法に養子となる者の意思を重んじるという法文を創設することに意義があるのである。

イ　代諾権者及び同意権者について

民法第797条第２項は、法定代理人が養子縁組の代諾をするには、①父母であって養子となる者の監護をすべき者、又は②父母であって親権を停止されている者の同意を得なければならないとしているが、親権及び監護権のいずれも有しない親の同意については、必要とされていない。

この点については、「家族法研究会報告書」では未成年養子縁組については、実際の監護状況や法的地位の変動等、養子となる者に与える影響が大きいことや、親権も監護権も有さない親も自らの子の監護状況について関心があるのが通常であることからすれば、未成年養子縁組について全ての親を関与させるべきであるとの考え方もあり得る。もっとも、子について親権も監護権も持たない親が子の養育の在り方について適切な意見を述べることができるのかは疑問であるとして、この方向性に慎重な意見もあった、とされている。そこで、これらの両方の見方があることを前提に、更に検討を進めることが提案されている。

ウ　養子となる者が15歳以上の未成年養子縁組における法定代理人の同意

現行法においては、未成年者であっても15歳に達した者は、法定代理人の同意なく養子縁組をすることができることになっている。この点については、未成年者による安易な養子縁組を防止する観点から、家庭裁判所の許可だけでなく、さらに法定代理人の同意をも必要としてはどうかという問題意識である。

まずアの代諾縁組の制度についてである。養子となる者が15歳未満であっても一定の年齢（10歳前後か）に達していれば、養子となる者の意向を聴くことを未成年養子縁組の一要件とするのが相当であろう。次のイの代諾権者及び同意権者の問題については現行法を維持することで十分でありあえて改革の必要はないものと考える。ウの養子となる者が15歳以上の未成年者養子縁組の場合に養子が15歳に達している場合であっても、法定代理人の同意を要件としてはどうか、という意見については反対である。この案は15歳に達している養子となる者の場合は、彼の判断により縁組が可能であるとした趣旨を没却するものであろう。法定代理人の同意をも要するとするのはまさに屋上屋を架すに等しい。

④　民法第798条関係について

民法第798条は以下のような条文である。

> （未成年者を養子とする縁組）
> **第798条**　未成年者を養子とするには、家庭裁判所の許可を得なければならない。ただし、自己又は配偶者の直系卑属を養子とする場合は、この限りでない。

ア　裁判所の許可基準

民法第798条は、未成年養子縁組をするには、家庭裁判所の許可を得なければならないとしている。しかし、許可の要件や、許可に際しての考慮要素については何ら定めていない。家庭裁判所に丸投げの規定である。特別養子縁組の場合とは異なる。

「家庭裁判所の実務では、個別具体的事案における、縁組当事者、特に養親となる者の縁組の動機、目的、実親及び養親の家庭状況、養親となる者の縁組の動機、目的、実親及び養親の家庭状況、養親となる者の監護者としての適格性等、一切の事情を総合的に検討して判断されている」（野

田愛子＝梶村太市総編集『家族法実務大系②』276頁（新日本法規出版、2008））。

そこで、家族法研究会の報告書によれば、「家庭裁判所は、縁組が子の利益のために必要である場合に限り、民法第798条の許可をすることができることとした上で、その判断に当たっては、縁組の動機、子が縁組をすべき事情、養親の養育能力、養親と養子となる者の適合性等を考慮しなければならない旨の規律を設けることとしてはどうか。

また、その際には、養親となる者が養子となる者を一定期間監護した状況を考慮しなければならないものとすることについて、更に検討を進めてはどうか」と提案している。

この案は家庭裁判所における許可の趣旨について民法に規定を置くことによって家庭裁判所の審判官や調査官等に拠るべきメルクマールが明らかになり民法の理念を表示するものとして有効であると思われる。

イ　例外要件の見直しについて

現行法では、未成年養子縁組であっても、いわゆる連れ子養子、孫養子については、家庭裁判所の許可を要しないこととされている（民法798条）。例えば、祖父母が孫を養子とする場合や夫が妻の連れ子を養子とする場合である。このような場合には、子の福祉に弊害を及ぼす危険が少ないと考えられるからである。しかし、これは関係者の性善説に立つものでそのような恐れがないとは必ずしも言えないのであって、この場合も家庭裁判所が子の福祉との適合性や養親としての適格性を審査する必要があるのではなかろうか。

最もこの点については、年間数万件に及ぶ未成年養子縁組の全てについて家庭裁判所の許可を得なければならないとすると、手続が重くなりすぎるという懸念があるとの指摘や、事件数の激増により家庭裁判所の対応能力を超えることとなるおそれがあるとの指摘、その結果として、現行制度下で、未成年養子縁組の許可の審判事件において縁組が子の利益にかなうものか否かという点について相当に手厚い調査がされている実務を維持することができなくなり、1件当たりの審査の密度が低くなるおそれがあるとの指摘もされている。このような理由により、家庭裁判所の許可を要する場面を拡大することには慎重な意見が出されたようである。

しかし、こうした立場は家裁の未成年養子縁組の許可案件処理の現実を重視して、未成年養子縁組の許可を不要とする例外規定の果たしている意義と作用の分析を軽視しているのではないかという疑問がある。やはり、何らかの公的機関（例えば法務局、公証人）の関与を必要とする方策が検討されてもよいのではなかろうか。

家族法研究会の報告書によれば、未成年養子縁組について、家庭裁判所の許可を要しないこととされている民法第798条ただし書の規律について、以下の三案を中心に、更に検討を進めてはどうか、としている。

【A案】 未成年養子縁組をする場合には、常に家庭裁判所の許可を得なければならないこととする方向性

A案は、連れ子養子と孫養子それぞれについて子の養育に問題が及ぶ事態が生じているとの指摘を踏まえ、連れ子養子縁組及び孫養子縁組のいずれをも例外とせずに、未成年養子縁組をする場合には、常に家庭裁判所の許可を要することとするものである。もっとも、この場合には、家庭裁判所の対応能力を超えてしまうとの指摘もあることから、家庭裁判所以外の公的機関（例えば法務局）の関与をもって家庭裁判所の許可に代えることも検討の対象となり得るものと考えられる。

【B案】 未成年養子縁組をする場合には、家庭裁判所の許可を得なければならないが、配偶者の子を養子とする場合は、この限りでないものとする方向性

B案は、連れ子養子縁組については、養親となる者が子を養育することが多いことから、制度趣旨に反する利用のされ方が少ないのに対し、孫養子縁組については、例えば、相続税の節税目的の縁組など必ずしも制度趣旨とそぐわない利用のされ方もされているとの指摘を踏まえ、連れ子養子縁組については例外的取扱いを維持しつつ、孫養子縁組について家庭裁判

所の許可を必要とするものとした。

【C案】現行法の規律を維持する方向性

この三案ではＡ案を支持する。

⑤　未成年の養子との離縁

ア　民法第811条関係

最初に民法第811条の条文を紹介しておこう。

（協議上の離縁等）

第811条　縁組の当事者は、その協議で、離縁をすることができる。

2　養子が15歳未満であるときは、その離縁は、養親と養子の離縁後にその法定代理人となるべき者との協議でこれをする。

3　前項の場合において、養子の父母が離婚しているときは、その協議で、その一方を養子の離縁後にその親権者となるべき者と定めなければならない。

4　前項の協議が調わないとき、又は協議をすることができないときは、家庭裁判所は、同項の父若しくは母又は養親の請求によって、協議に代わる審判をすることができる。

5　第２項の法定代理人となるべき者がないときは、家庭裁判所は、養子の親族その他の利害関係人の請求によって、養子の離縁後にその未成年後見人となるべき者を選任する。

6　縁組の当事者の一方が死亡した後に生存当事者が離縁をしようとするときは、家庭裁判所の許可を得て、これをすることができる。

家族法研究会では、養子が未成年であるときは、離縁後の監護及び養育について子の利益を害することがないように、離縁についても、家庭裁判所の許可を得なければならないものとしてはどうかとの考え方が示されたようである。そうした問題意識に立って検討が進められたが、その概要は以下のとおりである。

「現在、縁組が協議のみで解消できることによって、具体的に養子にどのような不利益が生じているかが明らかではない（特に連れ子養子の離縁の場合）という指摘があった一方で、子の身分が変動すること自体から、抽象的に子の利益に反するおそれがある状態であるということができるのではないかとの指摘もあった。また、この点については、離縁に関する規律を厳しくした場合には、特に連れ子養子の場面等で、子の氏を変更するための縁組といった、未成年養子縁組の本来の趣旨とは異なる縁組がされなくなるようになるのではないかとの指摘もされた。さらに、離縁を厳格にすることによって、間接的に安易な養子縁組がされなくなる効果も期待できるとの指摘もあった。他方で、家庭裁判所がこのような離縁の判断を適切にできるのかといった指摘や、負担の問題もあるとの指摘もあった。

報告書本文のこの点に関する規律は、これらの指摘を踏まえ、未成年の養子との離縁について家庭裁判所の許可を要することとするものである。

もっとも、この点については、仮に離縁に裁判所の許可を要することとした場合には、家庭裁判所は、どのような観点から離縁の許可を判断するのかという点については更に検討が必要である。すなわち、親を失うこととなる養子の心情的な部分に着目することとするのか、それとも、扶養義務者が減るといった法的な側面に着目するのか、又はそのいずれもであるのかといった点である。」（家族法研究会報告書159頁）とされている。

難しい問題であると思う。未成年の養子の離縁についても家庭裁判所の許可を要するというアイデアは離縁をするに至る未成年の養子にとっては、離縁が、もし不当な離縁請求等による離縁であれば強い味方になるかも知れないが、自ら望んでの離縁であれば逆に負担になるかも知れない。検討の意図が、離縁後の未成年子の監護・養育について子の利益を害することのないようにするという趣旨であれば、家庭裁判所の許可によるのではなく、民法において離縁の要件の一つとして明文の規定を置くだけで十分ではないだろうか。検討の意図はよく理解できるし示されているアイデアに反対することもないが、家庭裁判所の負担等も考慮してさらなる検討が進められることを期待したい。

イ　民法第814条（裁判上の離縁）関係について

民法第814条は以下のような条文となっている。

（裁判上の離縁）
第814条　縁組の当事者の一方は、次に掲げる場合に限り、離縁の訴えを提起することができる。
一　他の一方から悪意で遺棄されたとき
二　他の一方の生死が３年以上明らかでないとき
三　その他縁組を継続し難い重大な事由があるとき
2　第770条第２項の規定は、前項第一号及び第二号に掲げる場合について準用する。

現行法では、離縁の訴えは、縁組の一方当事者からしか提起することができない。この点については、未成年の養子の保護のため、養子が未成年である場合には、縁組の当事者以外の者の申立てによって、離縁の裁判をすることができることとしてはどうかとの考え方がある。養子保護がキーワードではある。しかし、縁組当事者以外の者が養親子関係の解消の場面で関与することになることからの影響をどう捉えるかという問題もあり、縁組の当事者以外の者が常に養子のために提訴するとは限らない。基本的には訴えの提起は縁組当事者に限定するのがベターではなかろうか。また、公益の代表としての検察官を申立権者に加える案もあるようであるが果たして機能するだろうか。慎重な検討を期待したい。

以上「未成年養子縁組を中心とした養子制度について」「特別養子を中心とした養子制度の在り方に関する研究会」（以下、「養子研究会」という。）では、平成29年７月から平成30年５月まで、養子制度の在り方に関する検討を行い、翌月、特別養子制度の見直しに関する論点を中心として養子研究会の検討結果が取りまとめられている。そのうち特別養子制度の見直しに関するものは、令和元年民法改正による特別養子制度の見直しとして結実していたが、普通養子制度に関する部分は将来の積み残しとなっていたのである。家族法研究会は、養子研究会における普通養子制度に関する議論を引き継ぎ、既に触れたような諸点について検討を進めていたわけである。

本項ではそれらの検討項目の中から未成年養子縁組を中心とした比較的重要と思われる項目について家族法研究会の報告をベースにその内容を俯瞰してきたわけである。

繰り返しになるが、総論的な論点として、未成年者養子縁組の制度趣旨という抜本的問題への切り込み、あるいは、家庭裁判所が未成年養子縁組を許可する場合の判断基準、未成年養子縁組における「縁組意思」の内容等について整理することが提案されている。

また、未成年養子縁組について家庭裁判所の許可が不要とされている連れ子養子や孫養子についても家庭裁判所の許可を必要とするかどうかについても検討されている。このほかにも多くの検討課題が議論されており、いつの日かこれらのもののいくつかでも法改正に結実することを期待したい。

6　生殖補助医療と親子関係―代理懐胎をめぐる問題を中心に―

(1)　はじめに

我が国における生殖補助医療に関する法制化の歩みは蝸牛の歩みのごときである。法制化への取り組みは進められ生殖補助医療の範囲とか運用面の問題あるいは生殖補助医療によって生まれた子の親子関係をどう規定するか、といった基本的問題について厚生労働省や法務省の審議会でかなりデザインが出来上がりつつあったが、なぜかその進捗の歩みを止めているのが現状である。わずかに、令和２年12月４日第203回国会において、議員立法である「生殖補助医療の提供等及びこれにより出生した子の親子関係に関する民法の特例に関する法律（令和２年法律第76号）」（以下では本法律を「民法特例法」という。）が成立したが、これが我が国における生殖補助医療に関する最初の立法である。しかし、この民法特例法は極めてコンパクトなものであり、法律を構成する条文は本文が10か条からなり、附則は３か条からなっているに過ぎない。

この法律の趣旨については、その第１条において「この法律は、生殖補助医療をめぐる現状等に鑑み、生殖補助医療の提供等に関し、基本理念を明らかにし、並びに国及び医療関係者の責務並びに国が講ずべき措置について定めるとともに、生殖補助医療の提供を受ける者以外の者の卵子又は精子を用いた生殖補助医療により出生した子の親子関係に関し、民法（明治29年法律第89号）の特例を定めるものとする。」としている。そして、「生殖補助医療」の定義については同法２条１項と２項に規定を置いている。すなわち、第２条１項には「この法律において「生殖補助医療」とは、人工授精又は体外受精若しくは体外受精胚移植を用いた医療をいう。」とし、第２項で「前項において「人工授精」とは、男性から提供され、処置された精子を、女性の生殖器に注入することをいい、「体外受精」とは、女性の卵巣から採取され、処置された未受精卵を、男性から提供され、処置された精子により受精させることをいい、「体外受精胚移植」とは、体外受精により生じた胚を女性の子宮に移植することをいう。」と定義されている。民法特例法の第９条及び第10条は、第三者が提供した卵子、精子又は胚を用いた生殖補助医療により生まれた子の親子関係について定めているが、この法律全体では、第２章において、第三者提供の卵子・精子・胚によるものか否かを区別することなく、生殖補助医療に関する理念等を定めており、第２条の生殖補助医療の定義も、これらを区別しない規定ぶりになっている。

このような定義に照らすと、第三者の関与する生殖補助医療のうち、精子提供による非配偶者間人工授精（AID)、精子提供や卵子提供による非配偶者間体外受精が、本法律の生殖補助医療に該当することは明らかである。これに対して、いわゆる代理懐胎（不妊夫婦の妻に代わって、妻以外の女性に懐胎、出産してもらう生殖補助医療をいい、不妊夫婦の精子と卵子を体外で受精させて、その受精卵・胚を妻以外の女性に移植する「ホストマザー」と、妻以外の女性に夫の精子を人工授精して行われる「サロゲートマザー」とがあると言われる。）が、本法律が定義する生殖補助医療に該当するか否かは規定上明らかでない（小川貴裕「生殖補助医療の提供等及びこれにより出生した子の親子関係に関する民法の特例に関する法律（生殖補助医療により出生した子の親子関係に関する民法の特例部分）の概要」家庭の法と裁判32号92頁（2021））。

しかし、民法特例法９条は、最高裁平成19年３月23日決定（民集61巻２号619頁）を踏襲しつつ、代理懐胎を明示的に想定した規定ではなく（令和２年11月19日参議院法務委員会・秋野公造議員等の発言）、代理懐胎等生殖補助医療に関する規制について検討が進んだ段階で民法特例法９条、10条の特例を設けることも含めさらに必要な法制上の措置を講ずるとしている（附則３条３項）。

いずれにしても我が国最初の生殖補助医療関係法においても「代理懐胎」に関しては明確な規定を置いていないのである。つまりは認めないということであろう。また、新聞報道によれば生殖補助医療について、超党派の議員連盟は、生殖補助医療について、新たな法案を用意し、国会への提出を目指していると言われているがもちろんその全体像はわからない。しかし、代理懐胎には何らの言及もされていないということであるから仮にその法案が提出されても代理懐胎に関し何らかの前進があることは期待できない。

このように現在では我が国においては「代理懐胎」の法制化はほとんど期待できないという状況である。

⑵　代理懐胎とは

代理懐胎には、人工授精型と体外受精型の２種類の方法がある。人工授精型は、子どもを持ちたいカップルの男性の精子を代理懐胎者に人工授精する代理懐胎である。この場合は、生まれた子どもは、この男性（精子提供者）と代理懐胎者とは遺伝的に繋がっている。論理的には、第三者の男性から精子提供を受ける人工授精型代理懐胎も考えられる。また、体外受精型は、子どもを持ちたいカップルの男性の精子と女性の卵子を体外受精し、代理懐胎者に胚移植する代理懐胎である。生まれた子どもはカップルの男性・女性と遺伝的に繋がっている。この他に、体外受精型は、第三者の女性から卵子提供を受ける方法、または、第三者の男性から精子提供を受ける方法も考えられる。日本で多いのは、通常、子どもを産むことができない代理懐胎依頼者夫婦が、妻以外の女性

（代理懐胎者）に妊娠・分娩することを依頼し、誕生した子どもを引き取る形態である。

⑶　代理懐胎をめぐる我が国の状況

既に触れたように我が国においては、代理懐胎に関する法規制は存在しない。しかし、生殖補助医療の運用面における中心的役割を果たしている社団法人日本産科婦人科学会は平成15年４月会告により代理懐胎を禁止している。禁止の理由は、①生まれてくる子の福祉を最優先すべきであること、②代理懐胎は身体的危険性・精神的負担を伴う、③家族関係を複雑にする、④代理懐胎契約は倫理的に社会全体が許容しているとは認められない、とするものである。

また、生殖補助医療関係の法制化への検討を重ねていた厚生労働省の厚生科学審議会生殖補助医療部会が平成15年４月28日付けでまとめた「精子・卵子・胚の提供等による生殖補助医療制度の整備に関する報告書」では、「代理懐胎（代理母・借り腹）は禁止する。」としている。その中で、「代理懐胎を禁止する理由について、サロゲートマザーとホストマザーという代理懐胎の二つの形態について、両者の共通点は、子を欲する夫婦の妻以外の第三者に妊娠・出産を代わって行わせることにあるが、これは、第三者の人体そのものを妊娠・出産のために利用するものであり、「人を専ら生殖の手段として扱ってはならない」という基本的考え方に反するものである。また、生命の危険さえも及ぼす可能性がある妊娠・出産による多大な危険性を、妊娠・出産を代理する第三者に、子が胎内に存在する約10か月もの間、受容させ続ける代理懐胎は、「安全性に十分配慮する」という基本的考え方に照らして容認できるものではない。さらに、代理懐胎を行う人は、精子・卵子・胚の提供者とは異なり、自己の胎内において、約10か月もの間、子を育むこととなることから、その子との間で、通常の母親が持つのと同様の母性を育むことが十分考えられるところであり、そうした場合には現に一部の州で代理懐胎を認めているアメリカにおいてそうした実例が見られるように、代理懐胎を依頼した夫婦と代理懐胎を行った人との間で生まれた子をめぐる深刻な争いが起こり得ることが想定され、「生まれてくる子の福祉を優先する」という基本的考え方に照らしても望ましいものとは言えない。」としている。

こうした理由等については理解し得る点もあるが、それがあるから代理懐胎は絶対に認められないものと言いきることができるかについては疑問もある。これらの点については別項でまた触れることにしたい。

重要なことは、こうした問題について、我が国では、根本的かつ組織的、継続的な議論が必ずしも十分ではなかったことであり、しかも、十分な議論の欠落のままの状態で、生殖補助医療を実施する側の医療行為により生殖補助医療による出生子の増大という事実先行型・生殖補助医療専門家集団自主規制型の緩やかな規制方式が長年にわたり採られてきたことにより、国内の代理懐胎もかなり多く実施され、代理出産の事実が明らかになっているのである。国内における代理懐胎の実施につては、長野県の諏訪マタニティークリニックにおいて８例の代理懐胎が実施され、出産に至っていると言われている。国内での代理懐胎の実数は不明ではあるが相当数に上っているのではないかと推測される。このことは法の規制の有無にかかわらず代理懐胎の需要が確実に存在していることをも意味している。もちろんその正当性の有無は別問題である。このようにして出産に至った子の親子関係についてはどのように処理されているのであろうか。代理出産により生まれた子どもは代理母（産みの親）の子として出生届を出し、その後に依頼夫婦の子として養子縁組をするようである。もっとも、特別養子縁組制度ができたことにより、普通養子縁組ではなく、特別養子縁組制度が適用されるケースが出ているようである。戸籍上の取扱いも子は依頼夫婦の「長男」「長女」等、実子と同じ記載がされる点が利点となっているのであろう。

また、日本では代理懐胎を実施するのが難しいこともあり、比較的容易にできる海外に渡り実施するカップルも増えていると言われている。この場合は海外で生まれた子についても日本で出生届をする必要があり、法的親子関係の存否などをめぐって問題があり、所轄の市区町村長が届出を受理しないため訴訟に発展するケースも現れている。典型的な事案の裁判例を後程紹介する予定である。

このように代理懐胎に関し何らの法的規制もない現状はいろいろな問題を提起しており、生殖補助医療関係のさらなる法整備が喫緊の課題として求められているのが現状であると言えよう。

⑷　代理懐胎をめぐる新たな動き

代理懐胎をめぐっては既に触れたように、日本産科婦人科学会の会告においても、厚生労働省の生殖補助医療関係の法制化に向けての検討審議の報告書の中でも、明確に「代理懐胎は禁止する」としている。しかし、その流れに一石が投じられた。平成18年11月30日付けの書面で時の法務大臣と厚生労働大臣は連名で、日本学術会議の会長あてに以下のような要請を行った。

標題は、「**生殖補助医療をめぐる諸問題に関する審議の依頼**」であり、その内容は次のようなものであった。

「生殖補助医療の在り方、生殖補助医療により出生した子の法律上の取扱いについては、以前より多くの議論が提起されてきたところ、今年（筆者注・平成18年）に至り、○○氏ご夫妻の代理懐胎による子の出生届の受理をめぐる裁判、○○医師による代理懐胎の公表が大きな話題となり、代理懐胎についての明確な方向付けを行うべきという国民の声が高まっています。

政府においては、かねてから、この問題について関係審議会等で検討してきたところでありますが、この問題は、直接的には医療、法律の問題とはいえ、生命倫理など幅広い問題を含むことから、医療や法律の専門家だけでの議論には限界がある極めて困難な問題といえます。

つきましては、学術に関する各方面の最高の有識者で構成されている貴会議において、代理懐胎を中心に生殖補助医療をめぐる諸問題について各般の観点から御審議いただき有意義な御意見を頂戴いたしたく、御依頼申し上げます。」

これに対して日本学術会議会長からは平成20年４月16日付けで提言をとりまとめ法務大臣あてに回答がなされた。

最初にその提言内容を紹介することにしよう。

生殖補助医療をめぐる諸問題に関する提言

我が国においては、代理懐胎の実態は客観的に把握されておらず、その安全性、確実性、さらに生まれた子の長期予後などは不明であり、医学的情報は欠如しているといってよい。一方で妊娠・出産という身体的・精神的負担やリスクを代理懐胎者に負わせるという倫理的問題や人間の尊厳に関わる問題、母子関係をめぐる法的側面などについて巷間様々の議論があるものの、社会的な合意が得られているとは言い難い。これまで行政庁や学会、専門家による検討も進められてきたが、法制化には至っておらず、そのような中で代理懐胎が一部の医師により進められており、また渡航して行われる事例も増加している。

このような状況を踏まえて、以下のことを提言する。

1　代理懐胎については、現状のまま放置することは許されず、規制が必要である。規制は法律によるべきであり、例えば、生殖補助医療法（仮称）のような新たな立法が必要と考えられ、それに基づいて当面、代理懐胎は原則禁止することが望ましい。

2　営利目的で行われる代理懐胎には、処罰をもって臨む。処罰は、施行医、斡旋者、依頼者を対象とする。

3　母体の保護や生まれる子の権利・福祉を尊重するとともに、代理懐胎の医学的問題、具体的には懐胎者や胎児・子に及ぼす危険性のチェック、特に出生後の子の精神的発達などに関する長期的観察の必要性、さらに倫理的、法的、社会的問題など起こり得る弊害を把握する必要性にかんがみ、先天的に子宮をもたない女性及び治療として子宮の摘出を受けた女性（絶対的適応の例）に対象を限定した、厳重な管理の下での代理懐胎の試行的実施（臨床試験）は考慮されてよい。

4　試行に当たっては、登録、追跡調査、指導、評価などの業務を公正に行う公的運営機関を設立すべきである。その構成員は、医療、福祉、法律、カウンセリングなどの専門家とする。一定期間後に代理懐胎の医学的安全性や社会的・倫理的妥当性などについて十分に検討した上で、問題がなければ法を改正して一定のガイドラインの下に容認する。弊害が多ければ試行を中止する。

5　親子関係については、代理懐胎者を母とする。試行の場合も同じとする。外国に渡航して行われた場合についても、これに準ずる。

6　代理懐胎を依頼した夫婦と生まれた子については、養子縁組または特別養子縁組によって親子関係を定立する。試行の場合も同じとする。外国に渡航して行われた場合についても、これに準ずる。

7　出自を知る権利については、子の福祉を重視する観点から最大限に尊重すべきであるが、それにはまず長年行われてきたAIDの場合などについて十分検討した上で、代理懐胎の場合を判断すべきであり、今後の重要な検討課題である。

8　卵子提供の場合や夫の死後凍結精子による懐胎など議論が尽くされていない課題があり、また、今後、新たな問題が将来出現する可能性もあるので、引き続き生殖補助医療について検討していくことが必要である。

9　生命倫理に関する諸問題については、その重要性にかんがみ、公的研究機関を創設するとともに、新たに公的な常設の委員会を設置し、政策の立案なども含め、処理していくことが望ましい。

> 10　代理懐胎をはじめとする生殖補助医療について議論する際には、生まれる子の福祉を最優先とすべきである。

以上が提言の内容である。代理懐胎に関する法案の要綱のような内容であり、代理懐胎に関する重要な論点が全て要領よく簡潔かつ理論的に提示されている。なお、この提言のもとになったと思われる「対外報告　代理懐胎を中心とする生殖補助医療の課題－社会的合意に向けて－」が日本学術会議生殖補助医療の在り方検討委員会から平成20（2008）年４月８日付で公表されているので関心のある方は是非お読みいただきたい。

この提言の中で注目すべきはやはり３で述べられている代理懐胎の試行的実施に関する記述である。禁止一色であったこの問題に一石を投じたものとして極めて大きな意義を有するものと捉えたい。こうした施策が採られることにより問題の論点が浮き彫りになり、制度として取り上げるかどうかの大きなポイントになるものであろう。

しかし、この提言がなされたのは平成20（2008）年であり、もう15年近くが経過している。ところが、この提言等を機縁として政府機関なり国会が何らかの動きを見せたという情報は寡聞にして知らない。この提言に触発されてどこの機関であろうと組織であろうと何らの動きがないとしたらそれ自体が大きな問題であろう。あえて言えば、こうした提言がされてもそれをコーディネート（coordinate）する人がいないのがなにより問題であろう。

代理懐胎の問題に積極的立場に立とうと消極的立場に立とうと、まずはしっかりと議論することが必要であり、それも緊急の問題として捉えることが必要であろう。次項ではそれを強調している代理懐胎が問題となった裁判例を紹介することにしよう。

(5)　代理懐胎児について親子関係が問題となった裁判例について

最高裁平成19年３月23日第二小法廷決定・市町村長の処分に対する不服申立て却下審判に対する抗告審の変更決定に対する許可抗告事件（民集61巻２号619頁）がそれである。本件は民事訴訟法118条３号の問題もあるが、今一つ代理母出産子の母を定めるルールが重要な問題でもあった。代理懐胎による出生子をめぐっては他にも判例はあるが、本件は最高裁の決定でもあり、また生殖補助医療の法制化に向けて裁判所の見解を明らかにしている意味でもより重要な裁判例であるのでここで取り上げることにした。最初に本件の事実関係について触れておこう（水野紀子＝大村敦志＝窪田充見編『家族法判例百選［第７版］』64頁から（有斐閣、2008)）。

事実の概要

① Ｘ１とＸ２（ともに申立人・抗告人・相手方）は夫婦であり、ともに日本在住の日本人である。Ｘらは、代理出産を希望したが、日本ではこれが実施できないため、米国ネバダ州に出かけて、2003年５月に同州在住の米国人女性Ａを代理母として代理出産（Ｘ１の精子とＸ２の卵子を受精させて作った受精卵をＡの子宮に移植し、Ａに懐胎、出産をしてもらう方法）のための施術を行うとともに、Ａ及びその夫Ｂとの間で有償の代理出産契約を締結した。同年11月末に、Ａはネバダ州において双子Ｃ・Ｄを出産した。同年12月、ネバダ州の裁判所は、Ｘらからの申立てを受けて、ＸらがＣ・Ｄの父母であること等を内容とする裁判（以下「ネバダ州裁判」という。）を行った。その後、Ｃ・Ｄについて、Ｘ１を父、Ｘ２を母と記載したネバダ州出生証明書が発行された。

② Ｘらは、2004年１月に、Ｃ・Ｄを連れて日本に帰国し、Ｙ（東京都品川区長―相手方・相手方・抗告人）に対し、Ｃ・Ｄについて、Ｘ１を父、Ｘ２を母と記載した出生届を提出したところ、ＹがＸ２による分娩の事実が認められないことを理由として、これを受理しなかった。そこで、Ｘらは、東京家裁に本件出生届の受理を命じることを求める申立てをしたが、東京家裁は、Ｘ２による分娩の事実が認められず、Ｃ・ＤとＸ２との間に親子関係を認めることができないから出生届の不受理は適法であるとして、申立てを却下した。Ｘらからの抗告を受けた東京高裁はこの審判を取り消し、Ｙに対して出生届の受理を命じた。本件ネバダ州裁判が民事訴訟法118条の適用ないし類推適用によって日本において承認

されること、そしてその結果、C・DはXらの子であると確認されること等を理由とする。本件は、この東京高裁の決定に対するYからの許可抗告の事案である。

決定要旨

(i)　まず、外国判決の承認に関する民訴法118条3号の公序要件につき、ある外国判決の内容が日本の法秩序の基本原理ないし基本理念と相容れない場合には、その要件は満たされないことを最判平成9・7・11（民集51巻6号2573頁）を引用しつつ判示する。

(ii)　「実親子関係は、身分関係の中でも最も基本的なものであり、様々な社会生活上の関係における基礎となるものであって、単に私人間の問題にとどまらず、公益に深くかかわる事柄であり、子の福祉にも重大な影響を及ぼすものであるから、どのような者の間に実親子関係の成立を認めるかは、その国における身分法秩序の根幹をなす基本原則ないし基本理念にかかわるものであり、実親子関係を定める基準は一義的に明確なものでなければならず、かつ、実親子関係の存否はその基準によって一律に決せられるべきものである。したがって、我が国の身分法秩序を定めた民法は、同法に定める場合に限って実親子関係を認め、それ以外の場合は実親子関係の成立を認めない趣旨であると解すべきである。

以上からすれば、民法が実親子関係を認めていない者の間にその成立を認める内容の外国裁判所の裁判は、我が国の法秩序の基本原則ないし基本理念と相いれないものであり、民訴法118条3号にいう公の秩序に反するといわなければならない。」

(iii)　「我が国の民法上、母とその嫡出子との間の母子関係の成立について直接明記した規定はないが、民法は、懐胎し出産した女性が出生した子の母であり、母子関係は懐胎、出産という客観的な事実により当然に成立することを前提とした規定を設けている（民法772条1項参照）。また、母とその非嫡出子との間の母子関係についても、同様に、母子関係は出産という客観的な事実により当然に成立すると解されてきた（最高裁昭

和37年4月27日第二小法廷判決・民集16巻7号1247頁参照)。」

「民法の実親子に関する現行法制は、血縁上の親子関係を基礎に置くものであるが、民法が、出産という事実により当然に法的な母子関係が成立するものとしているのは、その制定当時においては懐胎し出産した女性は遺伝的にも例外なく出生した子とのつながりがあるという事情が存在し、その上で出産という客観的かつ外形上明らかな事実をとらえて母子関係の成立を認めることにしたものであり、かつ、出産と同時に出生した子と子を出産した女性との間に母子関係を早期に一義的に確定させることが子の福祉にかなうということもその理由となっているものと解される。」

「民法の母子関係の成立に関する定めや上記判例は、民法の制定時期や判決の言渡しの時期からみると、女性が自らの卵子により懐胎し出産することが当然の前提となっていることが明らかであるが、……（生殖補助医療によって可能となった）子を懐胎し出産した女性とその子に係る卵子を提供した女性とが異なる場合についても、現行民法の解釈として、出生した子とその子を懐胎し出産した女性との間に出産により当然に母子関係が成立することとなるのかが問題となる。この点について検討すると、民法には、出生した子を懐胎、出産していない女性をもってその子の母とすべき趣旨をうかがわせる規定は見当たらず、このような場合における法律関係を定める規定がないことは、同法制定当時そのような事態が想定されなかったことによるものではあるが、前記のとおり実親子関係が公益及び子の福祉に深くかかわるものであり、一義的に明確な基準によって一律に決せられるべきであることにかんがみると、現行民法の解釈としては、出生した子を懐胎し出産した女性をその子の母と解さざるを得ず、その子を懐胎、出産していない女性との間には、その女性が卵子を提供した場合であっても、母子関係の成立を認めることはできない。」

(iv)　「以上によれば、本件裁判（ネバダ州裁判）は、我が国における身分法秩序を定めた民法が実親子関係の成立を認めていない者の間にその成立を認める内容のものであって、現在の我が国の身分法秩序の基本原則ないし基本理念と相いれないものといわざるを得ず、民訴法118条３号にいう公の秩序に反することになるので、我が国においてその効力を有しないものといわなければならない。」「そして、Ｘらと本件子らとの間の嫡出親子関係の成立については、Ｘらの本国法である日本法が準拠法となるところ（法の適用に関する通則法28条１項）、日本民法の解釈上、Ｘ２と本件子らとの間には母子関係は認められず、Ｘらと本件子らとの間に嫡出親子関係があるとはいえない。」

以上が本件決定の要旨である。争点は二つあった。一つは、民事訴訟法118条３号の公序要件の解釈であり、今一つは、代理出産した子の母を定めるルールであった。この二つの争点については決定要旨のところで詳細に説かれているのであえて説明する必要はないかと思われる。ただ、この訴訟の中心的論点となった民事訴訟法118条３号の規定についてはあまり知られていない条文でもあるのでそれをここで掲げておきたい。

民事訴訟法第118条

外国裁判所の確定判決は、次に掲げる要件のすべてを具備する場合に限り、その効力を有する。

1　法令又は条約により外国裁判所の裁判権が認められること。

2　敗訴の被告が訴訟の開始に必要な呼出し若しくは命令の送達（公示送達その他これに類する送達を除く。）を受けたこと又はこれを受けなかったが応訴したこと。

3　判決の内容及び訴訟手続が日本における公の秩序又は善良の風俗に反しないこと。

本件では第３号の該当性が問題となったわけであるが本件決定はそれを否定したのである。ただ、原審である東京高裁は本件出生届を受理すべきであるとした。その理由を簡単に紹介すれば、本件ネバダ州の確定判決を承認すべきとしたのである。そう判断した理由は、本件で親とされた夫婦と子との間には遺伝的血縁関係があること、日本で夫婦の子と認められないと、子らを法律的に受け入れる国がない状態が続くこと、子の福祉を優先し、ネバダ州の判決を承認しても「公序」に反しない、としたことである。

高裁の判断も子の福祉を考えて、なかなかに工夫された論旨が展開されていてそれなりに説得力を備えたものであると思われるが最高裁の認めるところとはならなかったものである。

なお、**本件決定は説示の中で、代理出産が行われている現状を直視し、代理出産については法制度としてどう取り扱うかについて、医学的観点からの問題、関係者間に生ずることが予想される問題、生まれてくる子の福祉などの問題につき、遺伝的なつながりのある子を持ちたいとする真摯な希望及び他の女性に出産を依頼することについての社会一般の倫理的感情を踏まえ、医療法制、親子法制の両面にわたる検討が必要になると考えられ、立法による速やかな対応が強く望まれる、と付言している。関係機関には誠実な対応が求められているものというべきであろう。今から18年前の指摘である。決して最近の話ではない。**

⑹　諸外国における代理懐胎の概況について

代理懐胎と言ってもそれを認めるにしろ禁止するにしろそれぞれの国の歴史、文化、社会構造、法体系等に応じてその対応を異にするのが一般である。しかし、他面で各国で共通の課題となる問題もある。つまり、生まれてくる子の人権、法的地位の確保等があり、さらに、生殖補助医療（代理懐胎）の利用者と権利の保護等である。以下において、諸外国における代理懐胎の実際を素描してみよう。

㈠　代理懐胎を認めていない国

代理懐胎を認めていない国は多い。ドイツでは生殖補助医療は1990年制定の胚保護法によって厳格に規制され、提供卵子体外受精も代理懐胎も認められていない。胚保護法は代理母に対する人工授精又は胚移植を刑罰をもって禁止している。代理母の斡旋者が処罰されるが、代理母及び依頼夫婦は処罰対象とはされていない。フランスでは代理懐胎契約は無効とされている（民法16条の７）、スイス（連邦憲法、生殖医療法）、オーストリア（生殖医療法）等では制定法により代理懐胎を禁止している。

⑷　代理懐胎を認めている国

米国には、代理懐胎に関する連邦法は存在しない。州によって制定法で対応している州もあれば、様々な判決に基づくコモンロー（慣習法・判例法）で対応している州もある。代理懐胎に特化した何らかの制定法規定を持つ州は、18州及びコロンビア特別区（ワシントンＤＣ）にとどまるが、これら19の法域に代理懐胎に関する制定法があることになる。

イギリスでは裁判所の関与のもとで代理懐胎による子を依頼者夫婦の子とする途が開かれている（養子決定又は親決定という二つの方法がある。）営利目的の代理懐胎の斡旋と広告は犯罪とされている（1985年代理懐胎取決め法）。ベルギー、オランダ、スペインなどにおいても非商業的な代理懐胎の実施が認められている。韓国では古くから「シバジ」（韓国の「伝統的」社会では、父系原理に基づき後継者を確保することが結婚の最も重要な目的であった。）、特に貴族階級である両班において、後継者としての男児を産めなかった場合には、苦肉の策として妾や「シバジ（種受け）」という代理懐胎者を通して後継者を確保していたという歴史がある。生命倫理法で卵子の売買を禁止した現在でも代理懐胎は規制されていないと思われる。

⑺　代理懐胎と親子関係

代理懐胎には前にも触れたように①人工授精型と②体外受精型の二つがある。①は、子どもを持ちたいカップルの男性（夫）の精子を代理懐胎者に人工授精する代理懐胎である。この場合、生まれた子どもは、この男性と代理懐胎者と遺伝的に繋がっている。また、②は、子どもを持ちたいカップルの男性（夫）の精子と女性（妻）の卵子を体外受精し、代理懐胎者に胚移植する代理懐胎である。生まれた子どもはこのカップルの男性（夫）・女性（妻）と遺伝的に繋がっている。このような関係にある場合に生まれた子の親子関係はどのように考えて決定すべきであろうかがまさに問題である。

ところで、代理懐胎の是非と代理懐胎によって生まれた子どもを自分自身で育てるために代理懐胎を意図した依頼者妻を母と認めるべきかという問題は、異なった問題である。

仮に代理懐胎を非として全面禁止するならば、代理懐胎依頼者を代理懐胎から生まれた子どもの母として認めることはできないであろう。さらに、事後的に代理懐胎依頼者と代理懐胎から生まれた子どもの親子関係を確定する方法として養子縁組や特別養子縁組の実施を認めることもできないであろう。

しかし、本項(5)で紹介した裁判例の事例のように、日本人が海外で代理懐胎をすることを禁止することはできない。そのような代理懐胎によって生まれた子どもが日本に存在すれば、生まれた子どもの「母」を決定し、子どもの法的な地位を安定させる必要がある。親子関係は社会的秩序の基礎をなすものであるから、代理懐胎における「母子関係」を検討することは社会的な問題といえるのである。

ところで本項(5)で紹介した最高裁平成19年３月23日第二小法廷決定は代理出産子の母を定めるルールについて、以下のように説示している。繰り返しになるが大事な点であるから再度触れておこう。ちなみに本件は、体外受精型代理懐胎のケースであるから、生まれた子どもはカップルの男性と女性と遺伝的には繋がっていることになる。曰く「我が国の民法上、母とその嫡出子との間の母子関係の成立について直接明記した規定はないが、民法は懐胎し出産した女性が出生した子の母であり、母子関係は懐胎、出産という客観的な事実により当然に成立することを前提とした規定を設けている（民法772条１項参照)。また、母とその非嫡出子との間の母子関係についても、同様に、母子関係は出産という客観的な事実により当然に成立すると解されてきた（最高裁昭和37年４月27日第二小法廷判決・民集16巻７号1247頁参照)。」「民法の実親子に関する現行法制は、血縁上の親子関係を基礎に置くものであるが、民法が、出産という事実により当然に法的な母子関係が成立するものとしているのは、その制定当時においては懐胎し出産した女性は遺伝的にも例外なく出生した子とのつながりがあるという事情が存在し、その上で出産という客観的かつ外形上明らかな事実をとらえて母子関係の成立を認めることにしたものであり、かつ、出産と同時に出生した子と子を出産した女性との間に母子関係を早期に一義的に確定させることが子の福祉にかなうということもその理由となっていたものと解される。」「民法の母子関係の成立に関する定めや上記判例は、民法の制定時期や判決の言渡しの時期からみると、女性が自らの卵子により懐胎し出産することが当然の前提となっていることが明らかであるが、……〈生殖補助医療によって可能となった〉子を懐胎し出産した女性とその子に係る卵子を提供した女性とが異なる場合についても、現行民法の解釈として、出生した子とその子を懐胎し出産した女性との間に出産により当然に母子関係が成立することとなるのかが問題となる。この点について検討すると、民法には、出生した子を懐胎、出産していない女性をもってその子の母とすべき趣旨をうかがわせる規定は見当たらず、このような場合における法律関係を定める規定がないことは、同法制定当時そのような事態が想定されなかったことによるものではあるが、前記のとおり実親子関係が公益及び子の福祉に深くかかわるものであり、一義的に明確な基準によって一律に決せられるべきであることにかんがみると、現行民法の解釈としては、出生した子を懐胎し出産した女性をその子の母と解さざるを得ず、その子を懐胎、出産していない女性との間には、その女性が卵子を提供した場合であっても、母子関係の成立を認めることはできない。」以上が本件決定の要旨の一部である。

母子関係は分娩の事実により当然に成立する（いわゆる分娩者＝母ルールと呼んでいる）とするのが、従来の判例である。しかし、こうした判例が確立した時点では、本件のように代理出産によって１人の子に複数の母候補者（①分娩者・②卵子提供者・③代理出産依頼者）が現れるような事態が想定されていたわけではない。本件では分娩者と卵子提供者の２人の母候補者がいる。こうした現状を踏まえた上で、なおかつ、本件のようなケースでも分娩者＝母ルールが適用されるのであればその理由・根拠を示した上での説示が期待されるところであったと思うのでその点はいささか残念であったというほかない。本件のような場合、血統主義に重きをおいて遺伝子上の母（卵子提供者）を「母」とすべきであるとする見解もあり得よう。筆者も基本的には本件のような場合はこうした考え方も真剣に議論されてよいと考えている。こうした考え方には批判もあろう。だから議論が必要なのである。子を産んでもその子を育てる意思を持たない分娩者を母とする理由が、母子関係が一義的に明確な基準によって一律に決せられるべきこと、出産と同時に出生した子と子を出産した女性との間に母子関係を早期に一義的に確定させることが子の福祉に適う、と言われるけれどもそのような理由が母になる意思のない分娩者をして法律上の母と決める根拠として十分かどうかはもっと検討されてよいとも思われる。遺伝的関係の存在はそうした実利的な事柄よりもより根源的な問題であるように思われる。

ところで、生殖補助医療により出生した子の親子関係に関する民法の特例に関する法改正の審議検討をしてきた法務大臣の諮問機関である法制審議会の生殖補助医療関連親子法制部会（部会長・野村豊弘学習院大学教授）は平成15(2003）年７月15日「精子・卵子・胚の提供等による生殖補助医療によって出生した子の親子関係に関する民法の特例に関する要綱中間試案」をとりまとめ公表した。その中には代理懐胎はもちろん正面からその導入を認めているわけではないが、生殖補助医療により出生した子の母子関係についての考え方が示されており、それは代理懐胎による出生の場合も射程に含めての提言のようであるからここでその内容を紹介しておきたい。

精子・卵子・胚の提供等による生殖補助医療により出生した子の親子関係に関する民法の特例に関する要綱中間試案

第１　卵子又は胚の提供による生殖補助医療により出生した子の母子関係

女性が自己以外の女性の卵子（その卵子に由来する胚を含む。）を用いた生殖補助医療により子を懐胎し、出産したときは、その出産した女性を子の母とするものとする。

（注）　ここにいう生殖補助医療は、厚生科学審議会生殖補助医療部会「精子・卵子・胚の提供等による生殖補助医療制度の整備に関する報告書」が示す生殖補助医療制度の枠組み（以下「制度枠組み」という。）に従って第三者から提供された卵子を用いて妻に対して行われる生殖補助医療に限られず、<u>同枠組みでは認められないもの又は同枠組みの外で行われるもの（独身女性に対するものや借り腹等）をも含む。</u>

以下では、この試案の内容について、同中間試案の補足説明に則りその内容を紹介していくことにしよう。

第1　母子関係について

1　問題の所在

現行民法上の嫡出推定及び嫡出否認の制度の前提となる嫡出母子関係は、子の懐胎及び出産の事実から発生するものと理解されている（民法772条）。また、嫡出でない母子関係についても、原則として認知をまたず分娩の事実により発生するものと解されている（最二小判昭37・4・27民集16巻7号1247頁参照）。

しかし、例えば卵子提供型又は借り腹型のように、他人から卵子の提供を受けて子を出産する場合には、子を出産した女性と、卵子を提供した血縁上のつながりのある女性とが異なることになる。民法の上記規定も、嫡出でない母子関係に関する上記最高裁判決も、このような場合を想定したものとは考え難く、また、社会通念上、いずれの女性を母とするか、一義的に定まるものでもないため、**<u>母子関係に関する立法的な解決が必要となる。</u>**

2　外国の法制

各国における生殖補助医療によって出生した子の母子関係の規律は、その規律対象に差はあるものの、子を出産した女性を母とする原則を採るのが一般である。

英国においては、生殖補助医療において子を出産した女性が母となり、他の女性は母とならないことを原則とするが（ヒトの受精及び胚研究に関する法律27条1項)、代理懐胎において、裁判所の親決定により、出生した子を配偶子等を提供した夫婦の子とする途が開かれている（同法30条)。

米国の統一親子関係法においては、母子関係は出産により成立するものとする（同法第2章201条第(a)項(1)）が、有効な代理懐胎契約に基づいて、依頼者夫婦の子となる途が開かれている（同法第8章801条以下)。

ドイツにおいては、生殖補助医療の場合を含め、一般的に、子を出産した女性を母と定められている（民法1591条)。

フランスにおいては、母子関係に関する明文の規定はないが、従来から一貫して、出産した女性が子の母であると解されている。

スウェーデンにおいては、卵子提供による体外受精の場合に、子を出産した女性を母とみなす旨の規定が置かれている（親子法第1章7条)。

3　試案の説明

(1)　基本的な考え方

本試案第1では、女性が自己以外の女性の卵子（その卵子に由来する胚を含む。）を用いた生殖補助医療により子を懐胎し、出産した場合には、子を出産した女性をその子の母とすることとしている。すなわち、出産した女性と子との間に出産の事実によって母子関係が成立するとの趣旨である。この考え方を採用したのは、次のような理由による。

ア　母子関係の発生を出産という外形的事実にかからせることによって、母子間の法律関係を客観的な基準により明確に決することができる。

イ　この考え方によれば、自然懐胎の事例における母子関係と同様の要件により母子関係を決することができるため、母子関係の決定において、生殖補助医療により出生した子と自然懐胎による子とをできるだけ同様に取り扱うことが可能になる。

ウ　女性が子を懐胎し出産する過程において、女性が出生してくる子に対する母性を育むことが指摘されており、子の福祉の観点からみて、出産した女性を母とすることに合理性がある。

エ　本試案が主として想定する卵子提供型の生殖補助医療においては、当該医療を受けた女性は生まれた子を育てる意思を持っており、卵子を提供する女性にはそのような意思はないから、出産した女性が母として子を監護することが適切である。

⑵　**適用範囲**

ア　本試案第１は、生殖補助医療の範囲を限定せず、制度枠組みの中で行われる卵子提供型の生殖補助医療だけでなく、同枠組みで認められていない借り腹型等の生殖補助医療によって生まれた子の母子関係についても適用されることとしている。これは、このような事例においても、血縁上のつながりのある女性と出産した女性とが異なる限り、出生後の母子関係を明確にする必要性は同じであること、出産した女性を母とする根拠のうち、前記⑴ア、イ及びウはこの場合にも妥当すること、さらに、借り腹について、生殖補助医療部会報告書によれば、人を専ら生殖の手段として扱い、また、第三者に多大な危険性を負わせる等の理由から、禁止される方向であるところ、親子関係の規律において依頼者である女性を実母と定めることは、上記の医療を容認するに等しい例外を定めることとなり、相当でないこと等を理由とする。

イ　本試案第１は、子の血縁上のつながりがある女性と出産した女性が異なる場合の母子関係の解決を目的としたものであって、両者が一致する場合（自然懐胎、配偶者間型、精子提供型、代理母型）における母子関係の決定に関する現民法の解釈に影響を与えるものではない。

以上が中間試案の第１の母子関係に関するものである。同試案の補足説明も関係部分をそのまま紹介した。母子関係決定のメルクマールについての詳細な説明とその根拠づけが展開されていて納得できるものである。全ての出産形態において「母」をその子を分娩した女性と定義づけているのは主要な外国における扱いとも共通するものであるし、法的母子関係の成立を一義的、一律的に定めることの必要性とメリットに関する考え方もそれなりに説得力を持つものであると思われる。

しかし、問題はそれで終わりということにはならない。試案の立場に従えば、依頼者夫婦の精子と卵子の受精卵を用いる体外受精型の代理懐胎の場合、生まれる子と遺伝的つながりのない代理懐胎者が出産すれば彼女が「母」となる。依頼者夫婦が生まれた子を自分たちの子として育てたいとき（このタイプではほとんどの依頼者夫婦は自分たちが実の親でありたいと願っているはずである。）は現行法上は養子縁組の手段があるのみである。それも一つの嫡出親子関係を成立させる手段であるからそれを利用するのももちろん可能かつ有益であろう。現にそのような形で生まれた子と法的親子関係を結んでいるカップルもおられるであろう。しかし、真意は自分たちが養親ではなく実親として養育したいというのが本音であろう。そこで、分娩者＝母ルールを原則とした上で子が出生後一定期間内に母を変更することが可能となるような手段を用意することを考えるべきであると思われる。もっとも、これは、いわゆる代理懐胎についてどのような法的対応がなされるかにもよるので、ここでは仮に将来代理懐胎制度が何らかの形で法制化されることを前提にした提案ということにしよう。

そのヒントはイギリスの制度にある。

(8)　イギリスにおける代理懐胎による子の親子関係

イギリスでは、代理懐胎を含む生殖補助医療を用いた出生の場合、産んだ女性を「母」として、例外を除き依頼した夫を「父」として出生届を出すことがHFE法（Human Fertilisation and Embryology Act）第27条、第28条に明記されている。代理懐胎の場合、子どもを法的に依頼者の子とするには、HFE法第30条に基づく**親決定の手続き**か、養子縁組・児童法に基づく養子縁組のいずれかを経る必要がある。

HFE法第30条に基づく**親決定の手続き**には、以下の条件を満たすことが求められる。

・依頼者が婚姻しており、18歳以上、少なくとも片方は子どもと遺伝的つながりがあること

・依頼夫婦はイギリス、チャネル諸島、マン島のいずれかに居住していること

・子どもが彼らの養育下にあること
・生みの母親（できれば父親も）が同意を示していること
・実費以外のいかなる金銭も支払われていないこと
・以上の手続きが、子どもの生後半年以内におこなわれること
・裁判所は、子どもの権利を保護するための調査官を選定する

代理懐胎における親決定手続は、先ず、出生届は依頼者夫と代理懐胎者妻の名前で届け出る。これにより、子どもの姓は依頼者の姓で登録される。次に、依頼者夫と代理懐胎者で親権責任取決めをおこない、依頼者の自宅地域で子の主治医となる家庭医を登録するなど、依頼者が子どもを迎えるための手続きを進める。その後、生後半年以内で親決定の申請を行う。申請後、代理懐胎者と依頼者の自宅にそれぞれ調査員が派遣され、HFE法の条件に合致する代理懐胎かどうかの確認がなされる。借り腹の場合には、代理懐胎支援団体によっては、依頼者側の証明書として、DNA親子鑑定を受けておくことを推奨しているところもある。

このHFE法に基づく親決定手続きは、年間50例ほどが認められていることが報告されており、これは概ね代理懐胎の年間件数に相当する数字として理解されている（武藤香織「第４章　イギリスにおける代理懐胎の現状」平成18年度厚生労働省生殖補助医療緊急対策事業「諸外国における生殖補助医療の状況に関する調査」研究班『代理懐胎に関するが諸外国の状況調査報告書』114頁(2007年12月))。

我が国における分娩者＝母ルールが将来仮に代理懐胎が制度として認められた場合には、そのルールが提起する問題についての一つの解決策の見本となる事例のように思われる。

⑼　代理懐胎問題についての議論を深めよ

我が国では代理懐胎についてどちらかと言えば禁止論のほうが認容論よりも多いように思われる。しかし、禁止論であれ、認容論であれ、十分な議論と啓蒙がなされた結果としてのものではないことも事実である。新しい制度、新しい医療であればあるほど国民的議論が必要であり、そういうプロセスを経ない

で、仮にそれが施行されたとしても、制度の円滑な運用は期待できないことになろう。子を欲しながら子を持てない夫婦やカップルは沢山おられる。最近の報道によれば、新たな生殖補助医療の一つとして「子宮移植」まで喧伝されている。生殖補助医療に関する抜本的な法的対応がされない間に生殖補助医療技術は日進月歩で進展していく。そのギャップは深くなるばかりである。問題の対象となる人々が比較的少ないと、なかなかしかるべきところにこれらの人々の声が届きにくい。しかし、そうした人々のためにこそ政府や国会は存在しているのではないか、代理懐胎を巡る重要な問題提起がなされているにもかかわらず一向に前に進まないのはなぜであろうか。日本学術会議の代理懐胎の試行的実施の提言などについては関係者はもっと真剣かつ深刻に捉えるべきであり、今からでも遅くはない。組織的・継続的・包括的な議論の深化とその実践を心からか期待するものである。

7　性同一性障害を理由とする性別変更をした者の婚姻と嫡出推定（平成25（2013）年12月10日最高裁判所第三小法廷決定）について

⑴　問題の所在

これは、ある意味で民法772条の嫡出推定の規定に関する問題であり、性同一性障害を理由として性別の変更をした者（女性から男性に）が婚姻し、その妻が、婚姻期間中に出産した場合に、民法772条の嫡出推定規定が及ぶかどうかが問題となったものである。

これについて最高裁第三小法廷は平成25（2013）年12月10日、この場合にも民法772条の嫡出推定が及ぶと判示したのである。私はこの決定を読んで強い違和感を覚えた一人である。

民法の772条の嫡出の推定とはどのような要件を充たした者に認められるのか、改めて考えさせられたのである。そこで、本項ではこの決定を取り上げて若干の検討をしてみたいというのが目的である。ただ、いきなり最高裁の決定に入るよりは、性同一性障害者の性別の取扱いの特例に関する法律の制定の経緯から入り、その内容を素描した上で、本件事案の第一審から最高裁の決定に至るプロセスを辿り、その上で本件の問題点と思われる部分について述べてみることにしたい。

⑵　性同一性障害者の性別の取扱いの特例に関する法律について

性同一性障害とは、生物学的な性別と心理的な性別が一致しない状態のことを意味するが、WHO（世界保健機構）が定めている国際疾病分類であるICD－11にも掲載されている医療的疾患である（ICD－11では「性別不合」に改称）。日本での患者数は、2,200人から7,000人程度と言われているが、最近の報道等によれば1万人とも言われている。性同一性障害者は「生物学的には完全に正常であり、しかも、自分の肉体がどちらの性に属しているかは、はっきり認知していながら、その反面で、人格的には自分が別の性に属していると確信している状態」と定義されている。

性同一性障害者は、生物学的な性と自己意識が一致しない状態であるから、それに罹患している人は、社会生活上様々な問題を抱えて暮らすことになる。我が国では、日本精神神経学会がまとめたガイドラインに基づき診断と治療が行われており、いわゆる性別適合手術も医学的かつ法的にも適正な治療として実施されている。

戸籍との関係でも、性同一性障害を理由とする「名」の変更も、家庭裁判所の審判により認められる例が多くなっているが、他方、戸籍訂正手続による戸籍上の性別変更（続柄欄の記載の変更）についてはほとんど認められていないという状況もあった。

そこで、性同一障害者の置かれている諸状況にかんがみ、性同一性障害者について、法令上の性別の取扱いの特例を定める法律案が議員立法の形で提案され、成立に至った。つまり、性同一性障害者のうち、特定の要件を満たす者について、家庭裁判所の審判により、法令上の性別の取扱いと、戸籍上の性別記載（続柄欄）を変更できるようになったのである。平成15（2003）年7月10日に成立した「性同一性障害者の性別の取扱いの特例に関する法律」がそれである。平成16（2004）年7月16日から施行されている。

⑶　法律の内容の概要

それではこの法律の内容を簡単に見ていこう。

まず第１条である。この法律の趣旨を定めている。

第１条「この法律は、性同一性障害者に関する法令上の性別の取扱いの特例について定めるものとする。」

第２条には「性同一性障害者」の定義規定をおいている。つまり「この法律において「性同一性障害者」とは、生物学的には性別が明らかであるにもかかわらず、心理的にはそれとは別の性別（以下「他の性別」という。）であるとの持続的な確信を持ち、かつ、自己を身体的及び社会的に他の性別に適合させようとする意思を有する者であって、そのことについてその診断を的確に行うために必要な知識及び経験を有する２人以上の医師の一般に認められている医学的知見に基づき行う診断が一致しているものをいう。」

第３条は、性別の取扱いの変更の審判に関する規定である。

「家庭裁判所は、性同一性障害者であって次の各号のいずれにも該当するものについて、その者の請求により、性別の取扱いの変更の審判をすることができる。

1　18歳以上であること。

2　現に婚姻をしていないこと。

3　現に未成年の子がいないこと。

4　生殖腺がないこと又は生殖腺の機能を永続的に欠く状態にあること。

5　その身体について他の性別に係る身体の性器に係る部分に近似する外観を備えていること。

②　前項の請求をするには、同項の性同一性障害者に係る前条の診察の結果並びに治療の経過及び結果その他の厚生労働省令で定める事項が記載された医師の診断書を提出しなければならない。」

次が第４条である。性別の取扱いの変更の審判を受けた者に関する法令上の取扱いに関する規定である。

「性別の取扱いの変更の審判を受けた者は、民法（明治29年法律第89号）その他の法令の規定の適用については、法律に別段の定めがある場合を除き、その性別につき他の性別に変わったものとみなす。

② 前項の規定は、法律に別段の定めがある場合を除き、性別の取扱いの変更の審判前に生じた身分関係及び権利義務に影響を及ぼすものではない。」

以上が「性同一性障害者の性別の取扱いの特例に関する法律」の内容である。第２条で性同一性障害者についての定義を定め、第３条１項で性別の取扱いの変更の審判を受けることができる者の要件を規定し、第４条１項で「性別の取扱いの変更の審判を受けた者は、民法（明治29年法律第89号）その他の法令の規定については、法律に別段の定めがある場合を除き、その性別につき他の性別に変わったものとみなす。」と規定している。

⑷　性別変更特例法も想定していなかった？ 問題の発生と訴訟の経緯

性同一性障害者がその苦悩から逃れるためにとりわけ求めたものは、戸籍上の扱いであった。つまり、名の変更と続柄欄の処理の変更であったと思われる。名の変更については前に少し触れたように家庭裁判所は性別の変更前でも認めるケースが多かった。これに対して続柄欄の変更は、父母との続柄を示す「長女」とか「二男」という記載の変更であるから、性別の変更をしない状態で認められることはほとんどなかったと言ってよいであろう。この場合は戸籍法第113条の戸籍訂正許可の申立てとなるのでほとんどが不許可とされていた。続柄欄の変更は性別の変更前であれば、「戸籍の記載が法律上許されないものであること」に該当することは困難であるからである。平成12（2000）年２月９日東京高裁決定は「ところで、現行の戸籍法等の法制は、男女の性別は生物学的性によって決定されるという建前を採っており、現時点においては、心理的社会的性を法的性別決定の基準とするのは相当ではないと解すべきところ、抗告人は、上記のとおり、生物学的には女性として出生し、その旨の届出がされている。したがって、抗告人が性同一性障害と診断され、性転換手術を受け、外的には男性の形態を備えるに至っているけれども、性別に関する戸籍の記載が戸籍法第113条にいう錯誤に当たるということはできない。」として、戸籍訂正許可の申立てを却下している（判例時報1718号62頁）。しかし、このような法的取扱いは、性同一性障害者が社会生活を送る上で様々な困難や障害を生じさせることになり、立法による解決が求められていたのである。この点は立法により解決したのである。

しかし、よく言われるように一つの問題の解決はまた別の新しい問題を提起する。性同一性障害者の性別の取扱いの特例に関する法律（以下では「性別変更特例法」という。）は議員立法であったが、おそらく立法の段階で議論も想定もなされなかったと思われるような事案が出てきたのである。事案の内容は以下のとおりである。

甲は、生物学的には女性であることが明らかであったが、性別変更特例法第２条に規定する性同一性障害者であったところ、平成16年に性別適合手術を受け、平成20年に、性別変更特例法第３条第１項の規定に基づき、男性への性別の取扱いの変更の審判を受けた。その後、甲は、平成20年４月に女性である乙と婚姻した。乙は甲の同意の下に、夫甲以外の男性の精子の提供を受けて人工授精し、これにより懐胎し、平成21年11月にＡを出産した。

ここで性別の取扱いの変更の審判を受けた者はそれに関して戸籍上どのような処理がなされるのかについて簡単に触れておきたい。性別変更特例法により性別を変更した場合、その事実は、性別変更した者の戸籍の身分事項欄に「【令和24年８月20日平成15年法律第111号３条による裁判確定】同月23日」のように記載される。そして、この記載は、婚姻等により新戸籍が編製されるときや、養子縁組等により他の戸籍に入るときも移記される（戸籍法施行規則39条参照）。この措置により戸籍事務管掌者も性別変更の事実を認知することができるわけである。

さて本筋に戻るが、甲らは、Ｘ区長に対し、Ａを甲・乙夫婦の嫡出子とする出生届を提出した。しかし、Ｘ区長は、Ａが民法第772条による嫡出の推定を受けないことを前提に、当該出生届の父母との続柄欄に不備があるとして届出の追完（届出の補正をした上で再度提出すること）をするように催告したが、甲らはこの催告に応じなかった。

そこでＸ区長は、平成24年２月に、管轄の東京法務局長の許可を得て、Ａを甲らの「嫡出でない子」として取扱い、Aの父欄を空欄にするなどの戸籍記載をしたのである。

こうした処分をした背景にはこのような事案について法務省が嫡出子出生届、認知届ともに受理しない方針を明らかにしていたことも関係しているものと思われる。これは、日本産科婦人科学会から本件について質問状が法務省に対してなされたのに対し、法務省は平成23年2月18日付けで「『質問状―性同一性障害者夫婦への非配偶者間人工授精により生まれた子の親子関係について』に対する回答」で以下のような内容の回答をした。

「1　当該子について、性別の取扱いの変更の審判を受けた者との間で民法第772条による嫡出推定を及ぼすことはできないので、性別の取扱いの変更の審判を受けた者の実子として法律上の父子関係があると認めることはできず、嫡出子であるとの出生届を受理することはできない。

2　性別の取扱いの変更の審判を受けて男性となった者を認知者とする認知届を受理することはできない。

3　家庭裁判所が民法上の要件を満たしていると判断して縁組を成立させる審判をした場合には、当該子を養子とする特別養子縁組届を受理することができる。なお、当該子と性別の取扱いの変更の審判を受けた者が普通養子縁組届をすることにより、両者の間に嫡出子として法律上の親子関係を創設することも可能である。」

さて前記のようにX区長がAを甲らの「嫡出でない子」として取扱い、Aの父欄を空欄にするなどの処理をしたのに対し、甲らが、Aを甲ら夫婦の嫡出子として取扱い、子の父欄に甲の氏名を記載するなどの戸籍記載をすべきであり、本件戸籍記載が法律上許されないものであると主張して、戸籍法第113条の規定に基づき、戸籍訂正の許可を求めたのである。

第1審の東京家庭裁判所は平成24年10月31日の審判で、次のように判示して申立てを却下した。「戸籍の記載上、夫が特例法3条1項の規定に基づき男性への性別の取扱いの変更の審判を受けた者であって当該夫と子との間の血縁関係が存在しないことが明らかな場合においては、民法772条を適用する前提を欠く」とした。

抗告審も「嫡出親子関係は、血縁を基礎としつつ、婚姻を基盤として判定されるものであって、民法772条は、妻が婚姻中に懐胎した子を夫の子と推定し、夫婦関係の秘事を公にすることを防ぐとともに、父子関係の早期安定を図ったものであることからすると、戸籍の記載上、夫が特例法３条１項の規定に基づき男性への性別の取扱いの変更の審判を受けた者であって当該夫との間の血縁関係が存在しないことが明らかな場合においては、民法第772条を適用する前提を欠くものというべきである。」として抗告を棄却した。

なお、甲は、第２子について、父子関係の確認を求める訴えを起こしが、大阪家庭裁判所は平成25年９月13日の審判で請求を棄却した。大阪家裁の判示は以下のとおりである。

「妻が非配偶者間人工授精により懐胎した子について、夫の同意を要件として夫との間に父子関係を認めることは立法論としては十分考えられるが、現行民法はそのような自然生殖によっては発生し得ない父子関係を想定しておらず、上記のような立法がない以上、そのような子と夫との間に法律上の父子関係を認めることはできない」。「生来的な男性の妻が婚姻中に非配偶者間人工授精によって懐胎した子の場合、戸籍実務上は当該子を夫の嫡出子とする出生届が受理されているようであるが、それは戸籍記載からは非配偶者間人工授精によって子が懐胎されたことが明らかでないため、戸籍管掌者がその形式的審査の結果、民法772条の要件が満たされていると認定しているものにすぎず、上記のとおり、そのような子について民法772条が適用されるものとは解されない」（石井美智子「生殖補助医療によって生まれた子の親子法のあり方」法律論叢第89巻第４・５号合併号（2017））。

第１審も抗告審も772条の適用の前提条件として子との間の血縁関係の存在を重要視していることが共通しており、しかも、戸籍の記載事項によって、父（夫）とされる者が性別変更特例法による性別の変更を行った者であることが確認できることを挙げている。ところが最高裁は、以下のように述べて、夫が性別変更した男性の場合にも、772条の嫡出推定は及ぶとしたのである。

この決定は５人の裁判官が３対２で判断がわかれ２人の裁判官の反対意見があったということも問題の根の深さを示しているとも言えよう。そこで、ここには、岡部喜代子裁判官の反対意見を紹介しておきたい。

「民法772条の推定は妻が夫によって懐胎する機会があることを根拠とするのであるから、その機会のないことが生物学上明らかであり、かつ、その事情が法令上明らかにされている者については推定の及ぶ根拠は存在しないといわざるを得ない。抗告人らの指摘するように、血縁関係は存在しないが民法772条によって父と推定される場合もあるが、それは夫婦間に上記の意味の性的関係の機会のある場合つまり推定する根拠を有する場合の例外的事象といい得るのであって、本件の場合と同一に論ずることはできない。以上の解釈は、原則として血縁のあるところに実親子関係を認めようとする民法の原則に従うものであり、かつ、上述した判例法の趣旨にも沿うものである。以上のとおり、実体法上抗告人Ｘ１はＡの父ではないところ、同抗告人が特例法３条１項の規定に基づき男性への性別の取扱い変更の審判を受けた者であることが戸籍に記載されている本件においては、形式的審査権の下においても戸籍事務管掌者のした本件戸籍記載は違法とはいえない。」

⑸　若干の考察

生物学的には女性である夫が妻の出産したAID子と実親子関係を結ぶことができるかどうかは、畢竟、実親子関係成立に関する要件を満たすかどうかによって決定されるべき事柄だと思われるし、仮に性別変更特例法４条１項の規定を根拠に論じる場合にも、性別変更特例法の制度趣旨・目的や制度設計の理解の上に立った民法解釈に従って結論を導くべきであろう。つまりは、性別変更特例法４条１項の射程範囲の問題でもある。

◆性同一性障害者の性別の取扱いの特例に関する法律の趣旨と射程範囲

前にも少し触れたが、性同一性障害者の人々が主として求める法的な救済は戸籍の「名」と「続柄欄の変更」であった。ある時、東京青山で開かれたGID（性同一性障害者）の皆さんが集まる会があり筆者も関係する裁判例の紹介などをするため招かれて出席したことがあった。かなりの数の人が集まっていたが、会の後、懇親会がありそこでいろいろ話を伺う機会があった。女性の方が多かったような記憶もあるが確かではない。そこで最も多い訴えはやはり生物学的性とは異なる性で生きることを確信している自分にとって、先ずは改めて欲しいのは戸籍上の「名」の変更の許可と戸籍の「続柄欄」の「長女から長男」等への記載の変更であったように思う。これらは直接的に社会生活と関るからである。そのため、それらについての手続や要件などについての相談例が多かったように記憶している。GIDの人々にとっては当面それが解決すれば心安らかに生活できるという実感を持てるように思う、という発言が多かったように記憶している。かなり以前の事で生殖補助医療などはまだそれほどポピュラー（popular）ではない頃であった。従って、当時は関心は専ら家庭裁判所の対応に焦点が当たっていたように思う。ところで、性別変更特例法は平成15（2003）年に成立したがこれは議員立法によるものであった。男女の性別を変更するという重大な効果をもたらす法律がなぜ議員立法で行なわれたのかは知る由もない。ただ、基本的にはこうした立法は関係する各界の専門家がじっくりと多角的、継続的、将来展望的にデザインを描き、法律成立後の性同一性障害者の皆さんにある種の不安を与えない形での立法作業が望まれるところであったと思う。とりわけ成立した法律がどこまでの射程距離を持つものかはもっと明確にしておくのがベターであったと思う。

例えば、性別変更特例法ではその第４条に「性別の取扱いの変更の審判を受けた者は、民法（明治29年法律第89号）その他の法令の規定の適用については、法律に別段の定めがある場合を除き、その性別につき他の性別に変わったものとみなす。」がある。本件の最高裁決定がその結論を得るために用いた法文であるが、この規定などはもっと精緻に検討されてしかるべきであったと思う。つまり、「性別の取扱いの変更の審判を受けた者は、民法その他の法令の規定の適用については、法律に別段の定めがある場合を除き、その性別につき他の性別に変わったものとみなす。」としているので、変更後の性別で婚姻や養子縁組が認められることになる。ここまでは異論はない。私の理解というか考えでは、性別の変更の審判を受けた人が４条１項の規定によって行うことができるのは例えば、婚姻であれば婚姻、養子縁組であれば養子縁組等の身分行為をするところまでであり、法の規制も何もない生殖補助医療分野でのAIDの理論まで同じ扱いをすることはできないという射程を画することも可能であったのではないかと思うのである。それは決して性別変更特例法の趣旨に違うものではないと思うが立法の過程ではそもそもそういう問題意識はなかったのであろう。

とまれ、法律は成立したのであるから性同一性障害者の皆さんにとっては大きな福音であったことは間違いない。後は運用の問題である。その運用の問題で大きな疑問を提起したのが本件事案であったということである。

◆本件の事案に対する法務省の当初の見解について

戸籍実務と民法を所管する法務省民事局のこの問題に対する見解は極めて明解なものであった。前にも触れたように、性別変更特例法に基づいて女性から男性に性別を変更した者がその後婚姻をした。この行為の可能性と正当性は性別変更特例法第４条１項の規定に根拠を持つ。婚姻により夫婦関係を成立させたカップルは妻が提供精子による生殖補助医療を受けて出産する。その場合、元女性である夫は生殖補助医療（AID）により生まれた子の父親として認められるかが問題の中心であった。

このような事例は決して一過性のものではない。まして最高裁が性別変更者とその妻のAIDによる出産子との間に法的父子関係の成立を認めることになればその影響はかなり大きいものがあると推測される。法務省はこの事案に対して極めて慎重にかつ論理的な根拠を示して対応できるよう検討したものと思われる。司法の場に持ち込まれることも当然予測していたはずである。そして、検討に当たっては性別変更特例法第４条１項の規定の存在にも留意しつつ、この事件の核心は民法上の実親子関係の成立要件であることに軸足を置いて進められたのではないかと推測される。そして、民法第772条を適用する前提として、夫と子の間の血縁関係が存在しないことが明らかな場合は、772条を適用する前提を欠くとし、その血縁関係の存在しないことが明らかな根拠として性別変更した者の戸籍の身分事項欄に性別変更した事実がその年月日とともに記載されることから、戸籍事務管掌者によりそのことは確認されることを挙げたのであろう。

問題は「妻が非配偶者間人工授精（AID）により懐胎した子について、夫の同意を要件として夫との間に父子関係を認めることができるかどうか」である。例えば、東京高裁平成10（1998）年９月16日の決定は、「夫の同意を得て、人工授精が行われた場合には、人工授精子は嫡出推定の及ぶ嫡出子であり、妻が夫と子との間に親子関係が存在しない旨の主張をすることは許されない。」としたものがある。この判例があるから本件事案においても同様の結論となると主張する立場もあるがそれは誤りである。生来的な男性の妻が婚姻中に非配偶者間人工授精によって懐胎した子の場合、戸籍実務上は当該子を夫の嫡出子とする出生届が受理されているのが実情のようであるが、それは戸籍の記載からは非配偶者間人工授精によって子が懐胎されたものかどうか明らかでないため、戸籍事務管掌者がその形式的審査の結果、民法772条の要件が満たされていると認定しているものに過ぎない。生殖補助医療法制も未完の状態における過度的処理の結果に過ぎない。法務省がこのような届出は嫡出子としての出生届として受理してよいという趣旨の方針を示しているわけでは決してない類のものである。しかし、本件の事案はそれとは根本的に異なるのである。

女性から男性に性別の変更を認められた者が女性と婚姻し、その夫婦が自分たちの子どもを持つにはその一つの方法として妻が提供精子による生殖補助医療を受けて妻が出産する場合があり得る。しかし、この場合は、性別変更した元女性の夫には生殖能力はない。したがって、生まれた子の遺伝上の父でないことも明白である。その上、性別変更した事実は、戸籍の身分事項欄に記載されることからその事実は戸籍事務管掌者には明らかである。

つまり、戸籍の記載上、夫が性別変更特例法第３条１項の規定に基づき、男性への性別の取扱いの変更の審判を受けた者であって当該夫と子との間の血縁関係が存在しないことが明らかな場合においては、民法第772条を適用する前提を欠くというわけである。この考え方は「血縁のあるところに実親子関係を認めよう」とする民法の原則に従うものと言えるのではなかろうか。

本件最高裁の決定における岡部喜代子裁判官の反対意見も紹介したが、「民法772条の推定は妻が夫によって懐胎する機会があることを根拠とするのであるから、その機会のないことが生物学上明らかであり、かつ、その事情が法令上明らかにされている者については推定の及ぶ根拠は存在しないといわざるを得ない。」

こうした考え方は本件第１審の東京家庭裁判所においても、第２審の東京高等裁判所においても基本的には同じ論理で支持されているのである。おそらく多くの人々はこれが最高裁に移っても同じ判断がされるであろうと思っていたのではないか。

ところが、最高裁は、３対２という際どい結果ではあったが、東京高等裁判所の決定を破棄し、原々審判を取り消したのである。「特例法３条１項の規定に基づき男性への性別の取扱いの変更の審判を受けた者は、以後、法令の規定の適用について男性とみなされるため、民法の規定に基づき夫として婚姻することができるのみならず、婚姻中にその妻が子を懐胎したときは、同法772条の規定により、当該子は当該夫の子と推定される。」「性別の取扱いの変更の審判を受けた者については、妻との性的関係によって子をもうけることはおよそ想定できないものの、一方でそのような者に婚姻することを認めながら、他方で、その主要な効果である同条による嫡出の推定についての規定の適用を、妻との性的関係の結果もうけた子であり得ないということを理由に認めないとすることは相当でない。」「そうすると、妻が夫との婚姻中に懐胎した子につき嫡出子であるとの出生届がされた場合においては、戸籍事務管掌者が、戸籍の記載から夫が特例法３条１項の規定に基づき性別の取扱いの変更の審判を受けた者であって当該夫と当該子との間の血縁関係が存在しないことが明らかであるとして、当該子が民法772条による嫡出の推定を受けないと判断し、このことを理由に父の欄を空欄とする等の戸籍の記載をすることは法律上許されない」。と。

夫が性別変更した男性の場合にも、民法772条の嫡出推定は及ぶとした最高裁の論理は極めて形式的である。特例法４条１項の規定が全てであると言わんばかりである。最高裁が第１審なり第２審の判断を避けることはよくあり得ることである。しかし、その避け方が問題である。つまり、裁判所としての判断はそれぞれの裁判所の独自の判断に基づくものではあるが、しかし、それは第１審から継続している事案についてのものであるから、全く下級審の判断内容に触れることなく全く立論の根拠を別にして下級審の判断を結果として否定するという手法は結論の是非は別としてもあまり心地よいものではない。争われているのは法的父子関係の成否であり、ひいては民法における実親子関係の中でもとりわけ重要な嫡出の推定が及ぶかどうかという基本的問題が提起されている事案なのである。

第１審と第２審は、民法772条の趣旨に留意しつつ、嫡出の推定を及ぼすための基礎的要件の一つとして父子間に血縁関係の存在を必要とする立場に立っている。それはおそらく極めて正当な解釈というべきでこの考え方に対する批判もないわけではないがそれは少数の立場であろう。

他方、最高裁の決定は「特例法３条１項の規定に基づき男性への性別の取扱いの変更の審判を受けた者は、以後、法令の規定の適用については男性とみなされるため、民法の規定に基づき夫として婚姻することができるのみならず、婚姻中にその妻が子を懐胎したときは、民法772条の規定により、当該子は当該夫の子と推定されるというべきである。」とする。この場合、当該夫の子と推定される根拠は、法令の規定の適用については男性とみなされるからという形式的な理由のみである。法令の規定の適用については男性とみなされても、それは性別変更特例法の一般的な原則的扱いを示したものに過ぎず、その規定があるからといって無制限に「男性」であることの法的効果が彼に及ぶことまで認めているわけではないと解すべきであろう。それはまさに問題となっている事柄の性質によるものであろう。それでなければ第１審、第２審の検討の意義はなんだったのかということになろう。やはり性別変更特例法が何のために議論され、法的取扱いについてどこまでを射程に収めるものかについてほとんど議論がされていなかったことが、こうした問題を産むことに繋がっているのであろう。それはともかく、最高裁は本件決定の中で前記の理由にプラスして、

「民法第772条第２項所定の期間内に妻が出産した子について、妻がその子を懐胎すべき時期に、既に夫婦が事実上の離婚をして夫婦の実態が失われ、又は遠隔地に居住して、夫婦間に性的関係を持つ機会がなかったことが明らかであるなどの事情が存在する場合には、その子は実質的には同条の推定を受けないことは、当審の判例とするところであるが、（略）性別の取扱いの変更の審判を受けた者については、妻との性的関係によって子をもうけることはおよそ想定できないものの、一方でそのような者に婚姻することを認めながら、他方で、その主要な効果である同条による嫡出の推定についての規定を、妻との性的関係の結果もうけた子であり得ないことを理由に認めないとすることは相当でないというべきである。」とも説示している。その上で「妻が夫との婚姻中に懐胎した子につき嫡出子であるとの出生届がされた場合においては、戸籍事務管掌者が、戸籍の記載から夫が特例法第３条第１項の規定に基づき性別の取扱いの変更の審判を受けた者であって当該夫と当該子との間の血縁関係が存在しないことが明らかであるとして、当該子が民法772条による嫡出の推定を受けないと判断し、このことを理由に父の欄を空欄とする等の戸籍の記載をすることは法律上許されないというべきである。」と結論する。どのように説示されても本件のAID子が民法772条の推定を受けるという論理にはとても従えない。この問題がこのまま終結するのではなくさらなる議論の展開を期待したい。

なお、本件最高裁の決定が出た後、法務省は、性別変更した男性を父とする出生届の受理を認めるとともに、既に妻の嫡出でない子として戸籍に記載した子についても嫡出子に戸籍訂正することとし、父と特別養子縁組している場合には特別養子縁組事項を消除するものとしている（平成26年１月27日付民一第77号法務省民事局長通達）。最高裁の決定の重みを痛感する。

⑹　性同一性障害者の性別の取扱いの変更に関する特例法と生殖補助医療について

本項で取り上げた事案に限らず、生殖補助医療について基本的な法整備もなされず、次から次と予測を超える事案が出ても、それが実親子関係の成否の基本的事項に関わることであるのに法律の解釈と司法の判断にその結果を求めている現状は、事の重大性に比すればなんと緊迫感の欠けたことかと嘆息せざるを得ない。性同一性障害者の性別の取扱いの特例に関する法律もこの際、性別を変更した者の変更後の法律関係についてどこまで可能でどこからは不可能かということを再点検する必要があるのではないか。いたずらに権利を制限することにはもちろん慎重でなければならないが、性別を変更した人は生物学的にはなんの変化もしていないわけであり、ただ、性同一性障害者であることを理由にしてその生き様に不安なきよう措置しようとするのが性別変更特例法の制定の動機であったはずである。他方、生殖補助医療に関する基本的法整備は道半ばである。誰がそれを利用できるのかという基本問題についても単に「法律上の婚姻関係にある者」というような規制ではなく、性別変更特例法による性別の変更をした者についても形式的な判断をするのではなく、我が国の実親子関係形成の基本的要件も視野に入れた検討がなされるべきであろう。

なお、2022年８月19日、男性から性別を変えた40代女性と、性別変更前に凍結した精子を使って生まれた子ども２人との法的な親子関係が認められるかが争われた訴訟の控訴審判決が東京高裁であった旨の報道があった。この事案も前記のとおり性別変更特例法の射程距離が不明確なために生じる事案の一つと言ってよいであろう。生殖補助医療法制の基本的立法の遅れと性別変更特例法の射程距離のあいまいさがもたらす事案と言えよう。

性別変更特例法第４条１項２項の規定が金科玉条のごとく解釈運用されて「性別変更前の身分関係や権利義務に影響を及ぼさない」との規定が極めて形式的に運用されているのである。しかし、裁判によってはそのような解釈を避け、実親子関係の成立の基本的要件を忠実に検討し解釈する判決例もある。それは、性別変更特例法第４条の規定がこの種の事件におけるオールマイティではあり得ないとする立場が厳然として存在することを意味する。以下では報道で知る限りの本件事案の内容と裁判の内容について紹介しておきたい。

性同一性障害で男性から性別変更した40代の女性が凍結精子を用いて、女性パートナーとの間にもうけた女児２人との間に法的な親子関係が認められるかが争われた訴訟である。

報道等によると、女性は凍結精子を使ってパートナーとの間に2018年夏と2020年、それぞれ長女と次女をもうけた。この間の2018年11月には性別変更特例法に基づき、男性から性別を変更し、そして、自治体への認知届をしたがこれが不受理となったため、長女と次女が原告、女性が被告となって親子の認知を求め提訴したというものである。これに対し、本件第一審は「凍結精子を使うことで、変更前の性別の生殖機能で子が生まれるのと同じ事態を生じさせた」と指摘。特例法が、親子関係や社会に問題・混乱が生じるのを避けるために、手術で生殖機能を失わせることなどを性別変更の要件に定めていることに照らし、親子関係を認めるのは適当ではないと判断した。

これに対し第二審の東京高裁は「生殖補助医療で出生した子でも、凍結精子を提供した生物学的な父子関係を有する男性を『父』として、認知請求権を行使できる」と指摘し、その上で、性別変更特例法が「性別変更前の身分関係や権利義務に影響を及ぼさない」と規定していることから、長女に関しては親子関係を認めたが、性別変更後に生まれた次女については、女性を民法上の「父」とすることはできない、として請求を棄却したものである。筆者は第一審の判断に、より合理性があると考えるが、いずれにしても、こうした問題の解釈の決め手となるものがない。実親子関係の成立要件の基礎理論の再構築、生殖補助医療基本法の早期立法、性別変更特例法の見直しも含めて早急な法制度の見直しが必要であろう。なお。第二審でも親子関係を認められなかった次女については最高裁に上告する意向のようである。

四　その他

1　事実婚をめぐって

(1)　はじめに

事実婚を的確に定義づけることは難しい。確かなことは、例えば、民法の夫婦同氏の原則（民法750条）を回避するために、つまり、婚姻によって氏を改めることに強い抵抗を感じるカップルが双方合意の上で婚姻届けは提出せず、しかし、実質的には夫婦同様の生活あるいはそれに近い関係を営むようなケースは現代的事実婚の典型的なものと言えるかも知れない。しかもこうしたケースは間違いなく増加していると見られる。現代の事実婚問題は、事実婚と夫婦別姓の問題が強く結びついているところにひとつの特徴があると言ってよいであろう。もちろん、このタイプとは異なり、民法の法律婚主義そのものに反対感情を有し、婚姻の届出を意識的に回避し、しかし、他方で、夫婦としての生活共同体は維持する形式を選ぶケースもあるようである。しかし、これも、事実婚に位置づけすることは可能であろう。

かつて、明治民法下において「内縁」問題が盛んに議論された。現在ではほとんど「内縁」なる言葉を聞かなくなっている。それは内縁と称されてきた男女関係が姿を消したからであろうか。しかし、そうであるからと言って「内縁」と「内縁保護の理論」いわゆる「準婚理論」の意義がなくなったわけではない。そこでの理論が現代の事実婚問題を論じる際に重要な材料を提供してくれるはずであるからである。婚姻外の男女関係のありようは極めて多様化している。それは、おそらく、欧米社会において婚外子の出生と婚姻外同居カップルの増加、加えて、婚姻制度と出産・子育ての分離が進行していることの影響もあるかも知れない。しかし、こうした欧米の状況に比較すれば、日本では、婚外子の出生率は２%程度である。しかし、事実婚は増加傾向にあると指摘されていることもあり、2010年の国勢調査では、「親族でない異性と同居している20歳以上の人口」は約60万人に上るとされているが、事実婚の実態は不明のようである。ただ、前記のとおり、日本の民法では、夫婦が結婚後も異なる姓のままでいようとすれば、事実婚を選ぶしかない。しかし、そうしたカップルにも法律婚を望んだり、「結婚」そのものに肯定的な態度を有している当事者も多いとされている。いわば「法律婚志向」の事実婚も多いと言われており、そこは欧米社会における事実婚との違いと言えるであろう。また、事実婚の顕在化は、家族が「多様化」したことの一例として挙げられることも多いが、それは「多様性の尊重」の結果ではなく、多様性を排除する法制度ゆえに生じている側面もあるという指摘もある（阪井裕一郎「日本社会における事実婚の実態」内閣府男女共同参画局・人生100年時代の結婚と家族に関する研究会（2021年11月30日資料））。

さて、こうした現代日本の事実婚のありようを前提に事実婚の法的位置づけについて若干の考察をしてみたいというのが本稿の目的である。

⑵　婚姻と婚姻外男女関係について

現行民法第739条によれば、「婚姻は、戸籍法（昭和22年法律第224号）の定めるところにより届け出ることによって、その効力を生ずる。」と規定している。いわゆる法律婚主義を採っている。したがって、法律上の婚姻が成立するためには、市区町村長（戸籍法１条参照）に対する届出を必要とする。厳密にはこの届出が受理されて初めて「婚姻」は成立する。わが国における「婚姻」はこれに限定される。したがって、婚姻届けを出していない場合の男女関係は「婚姻外男女関係」となる。この婚姻外男女関係は、さらに、「内縁」と「事実婚」に区分し得る。最近は前にも触れたとおり「内縁」という言葉を聞く機会はほとんどない。それは、つまり、かつてのいわゆる内縁問題と言われたものは、人々の婚姻慣習と法制度のズレや、去家禁止規定（明治民法744条・同750条等参照）のような法制度による婚姻の自由の制限、家制度的規制が生んだ、法的、社会的な〈必然的〉事実婚をどう取り扱うのかが問題の中心であったと言ってよいであろう。しかし、比較的最近の事実婚は、婚姻の自由が承認されてもなお、婚姻関係に入らず、事実上のカップルとして生活しているいわば「選択的事実婚」とも呼ぶべきものを対象としている。とまれ、いずれにしても、婚姻外の男女関係であることには変わりはない。要は、そうした男女関係について法的保護の手を差し伸べることが可能かどうか、可能であるとしてそれはどの範囲のものか等が問題の中心であるからあまり内縁と事実婚の差別化を論じても意味はない。むしろ、歴史的な意味も含めて「内縁」に関し、何がどう論じられ、また、司法はこの問題にどう対処したかということを考えることは現代の事実婚問題を論じる場合にも大いに有意義なことであると思われる。そこで以下では、改めて「内縁問題」の発生と内縁保護法理の問題について整理しておきたい。

⑶　内縁問題の発生事由

明治民法（旧民法）は第775条に「婚姻ハ之ヲ戸籍吏ニ届出ツルニ因リテ其効力ヲ生ス」としていた。いわゆる婚姻の届出主義を採用したが、当初から暫くは従来そのような方式に馴染んでいない国民はなかなかこの届出主義を励行するまでには至らなかった。そのため、婚姻という実態は備えながら法律婚は未成立という状態が続くことになった。これが多くの内縁関係を発生させる要因となったのである。前にも少し触れたが、婚姻の届出がされなかった原因はほかにもいくつか考えられた。例えば、嫁が家風に合うかどうか見極めるため、また、子を懐胎する能力があるかどうかを見極めるため、届出を見合わせるということもあったようである。加えて、前にも少し触れたが、明治民法における婚姻の要件的規定の中に婚姻障害事由にもなり得るいくつかの規定があったことも内縁を生じさせ得る原因となっていたことも無視できない。例えば、「子カ婚姻ヲ為スニハ其家ニ在ル父母ノ同意ヲ得ルコトヲ要ス但男カ満30年女カ満25年ニ達シタル後ハ此限ニ在ラス」（明治民法772条１項）、「家族カ婚姻又ハ養子縁組ヲ為スニハ戸主ノ同意ヲ得ルコトヲ要ス」（同750条１項）、「法定ノ推定家督相続人ハ他家ニ入リ又ハ一家ヲ創立スルコトヲ得ス……」（同744条本文）等の規定がそれである。このように婚姻の届出がない内縁が不可避的に生じ、例えば、内縁関係にある者の一方が、正当な理由なくその関係を破棄された場合（多くは女性側であった）、深刻な問題が現れるに至っていたのである。

⑷　婚姻外カップル保護の理論

既に大正４年１月26日大審院連合部判決（民録21輯49頁）は、いわゆる内縁をもって「将来ニ於テ適法ナル婚姻ヲ為スベキコトヲ目的トスル契約」、すなわち、婚姻予約であるとし、正当な事由なく婚姻予約に違反し、婚姻をなすことを拒絶した者は、被害者である相手方に対し婚姻予約不履行による損害を賠償すべしとしていた。この事案は、女性が挙式後３日目に実家に帰り、まもなく男性が入院したため、男性宅に戻り１泊したが、入院している男性の見舞いをせず再び実家に帰ったため、その後男性からの内縁解消に対して女性側が不当破棄による不法行為に基づく損害賠償を請求した事案であった。

昭和33年になってはじめて、最高裁は、内縁を「婚姻に準ずる関係」とみて、それは「保護されるべき生活関係に外ならない」から、内縁が正当な理由なく破棄された場合には、故意または過失により権利が侵害されたものとして不法行為の責任を肯定することができるとした。されば、「内縁を不当に破棄された者は、相手方に対して婚姻予約の不履行を理由として損害賠償を求めることができるとともに、不法行為を理由にして損害賠償を求めることができるものといわなければならない」と言い、婚姻予約の不履行を理由とする損害賠償請求と不法行為を理由とする損害賠償の二元的構成をとることを明らかにしたのである。

これは、内縁保護の法理として、婚姻予約理論と婚姻に準じた法律関係（準婚関係）として法的保護を認めていこうとする姿勢にほかならない。このうち、準婚理論は判例においても定着し、今日に至るまで通説的見解となっている。準婚理論による婚姻法の効果を適用される「内縁」の成立には、婚姻意思と夫婦共同生活の存在が必要であり、一定期間の継続した同居の存在から証明されている。しかし、判例には、婚姻意思があったと明確に言えない男女関係を内縁として認定し、極めて短期間の同居でも、挙式や冠婚葬祭等で夫婦として扱われていることがあった場合には、夫婦共同生活があったとして内縁の成立を認めることもあり、婚姻意思と夫婦共同生活の基準を緩和してきており、内縁に対する法的効果は、かなり、婚姻に接近していると言える（大村敦志『家族法［第２版］』227頁（有斐閣、2002））。

⑸　内縁概念の変化と現代的事実婚の特徴

戦後の民法改正により、家の制度が廃止され、それに伴い、家制度に由来する婚姻の制度的阻害要因がなくなったことで内縁関係は大きく減少した。婚姻の届出も90%以上に達したと言われており、これまた、内縁関係の減少原因の一つになった。それでは、今日的内縁（現代的事実婚）はどのような原因に基づいてどのような形態で存在しているのであろうか。おそらく最も多いタイプは、婚姻の届出をしないことの意思に意味を込めている場合であろうか。民法の夫婦同氏制（750条）に共鳴し得ず、選択的夫婦別性制度の導入に期待をかけ少なくともそれが実現するまでは事実上の夫婦共同生活を送るカップル、そもそも婚姻をするのになぜ国に届け出る必要があるかという反法律婚主義的非婚論的事実婚カップル等がその典型であろうか。あるいは、単なる「同棲」というタイプもあるかも知れない。

論者によっては、事実婚、同棲、非婚等のタイプを含めて「非法律婚」と総称している人もいる。

ちなみに、これらのタイプに属するカップルが広義の事実婚を選んだ理由について、善積京子著「近代家族を超える」（青木書店・1997）によれば、①夫婦別姓を通すため（女性89.3%／男性64.0%）、②戸籍制度に反対（女性86.8%／男性70.7%）、③性関係はプライベートなことなので、国に届ける必要を感じない（女性70.8%／男性59.7%）、④夫は仕事、妻は家事という性別役割分業から解放されやすい（女性62.1%／男性36.7%）、⑤相手の非婚の生き方の尊重（女性26.0%／男性63.3%）という数字が報告されている。なお、調査対象者は女性319人、男性300人とされている。相手の非婚の生き方の尊重を除けば、後の４項目の別姓を選んだ理由は圧倒的に女性の割合が高いのは興味深い。こうした理由を掲げながらなおかつ事実上の夫婦としての生活を送っていることが重要な事実と言えよう。

こうした現代的事実婚を選択したカップルにとり、そのような事実婚選択のメリットとして考えられていることは、①双方が性（氏）を変更しないことが可能、②「家」規範・「嫁」規範から自由な状態でいられること、③国家に管理されない自由、④伝統的性別役割規範（ジェンダー役割）からの解放、⑤財産分与や慰謝料請求、年金分割などはできる、というような点に絞られそうである。

他方で、そのような事実婚選択の効果としてのデメリットはどういう点にあるのかと言えば、①配偶者控除など税金控除が適用されない、②パートナーが死亡しても手続きなしでは相続人になれない。遺言や公正証書によって可能ではあるがコストが高い、③共同で親権を持つことができない、④不安定な地位。例えば、医療現場。家族ならば当然に認められるはずの同意書へのサインや面会、医師からの病状説明を聞くことができないなど。⑤パートナーの口座に触れられず、不動産についても相続権もない。⑥住民票、生命保険の証書などが必要。法律婚のケースよりも手間がかかる（賃貸契約、保険契約など）（阪井裕一郎「日本社会における事実婚の実態」内閣府男女共同参画局・人生100年時代の結婚と家族に関する研究会（2021年11月30日資料））。

(6)　現代的事実婚の法的保護をめぐって

伝統的内縁と現代的事実婚の違いを改めて整理しておこう。現代的事実婚は、事実上の共同生活を送りながら、意識的・自覚的に婚姻届を提出することをしないカップルである。そういうカップルが事実婚として社会的に認知されているものである。婚姻関係多様化の一つの形態として認められてきたということである。その発生事由は前記のとおり、夫婦別姓の実践、家意識による「嫁役割」「妻役割」つまりは性別役割分業の回避等が主たる理由となっているものである。他方、明治民法施行当時から議論されている伝統的内縁は、明治民法の家制度上の婚姻阻害要因や伝統的婚姻慣行への帰属意識などが原因で不可避的に生じていたもので、社会通念上の婚姻意思は存在している場合である。しかし、前記の現代的事実婚は意図的に婚姻の届出をせず、伝統的内縁と同様の夫婦生活を行うというものである（二宮周平「内縁と事実婚」判例タイムズ1100号98頁（2002））。

このような現代的事実婚に何らかの法的保護を与えることについてはほぼ異論はないであろう。ただし、その手法をめぐっては見解は多様である。

事実婚の法的保護についての学説を見てみよう（古川瓔子「事実婚の法的保護と内縁保護法理についての一考察」岡山大学大学院社会文化科学研究紀要第27号（2009））。

①　事実婚に内縁保護法理で法的保護を認める学説

A説；事実婚に準婚理論による法的保護を認める学説（泉久雄「内縁問題に思う」明山和夫（ほか）編『現代家族法の課題と展望　太田武男先生還暦記念』107－121頁（有斐閣、1982））

相当期間の共同生活の継続という事実から婚姻意思の存在を推認し、時間の経過によって婚姻意思にもとづく永続的な結合として、社会的に承認される夫婦関係に発展した事実婚は、内縁として保護されるとする。また、「生涯の結合を意図して営まれている男女の結合（事実婚）については、準婚理論は問題処理方法として今日でも極めて有能な性質を持っている」から、内縁や事実婚に準婚理論による婚姻法の効果を認める一方、契約理論では、事実婚の法的保護の範囲が狭くなるとする。

A説は、契約理論によると保護の範囲は狭くなることを指摘し、事実婚に準婚理論による婚姻法の効果を認める。この説は、契約理論では「黙示の意思表示とか、黙示の契約とかいった擬制を広く認めなければ、妥当な結論に到達することは難しい」とし、内縁解消時の財産の清算において、財産分与請求権が認められないとしたら、不当利得（民法703条）や共有物分割請求（民法256条）あるいは黙示の雇用契約（民法623条）や組合規定（民法667条以下）を認めて処理することになるため、事実婚の法的保護が非常に狭くなるとする。しかし、事実婚は、当事者の自由な決定によるのであるから、準婚理論による婚姻法の効果の運用は許されないという強い批判がある（古川瓔子前掲論文）。

B説；事実婚に自己決定権による内縁保護法理を認める説（二宮周平『事実婚の現代的課題』279頁以下（日本評論社、1990）他）

現実に夫婦共同生活が存在している場合、準婚理論ではなく、ライフス

> タイルに関する自己決定権を根拠にする内縁保護法理により、婚姻法の効果の適用を認めるとする。ライフスタイルを選択することによって「著しい経済的不利益を受けたり、道徳的に闘わなければならないとすれば、その生活形態を選択することは事実上不可能になる。これでは、自己決定権を保障したことにはならない。そこで、婚姻外の関係であっても、安定的で継続した共同生活・パートナー関係が存在する以上、内縁と同じような法的な生活保障をしなければならない」とし、法は、婚姻だけを保障するのではなく、事実婚が望ましいかどうかの評価とは離れて、営まれる家庭生活の実体に即した価値中立的な法的処理、生活保障をする必要があるとする。

Ｂ説は、自己決定権による内縁保護法理によって事実婚に婚姻法の効果の適用をして、事実婚の法的保護を図ろうとする。しかし、婚姻予約理論、準婚理論により内縁に法的保護をしてきた判例法の展開は、「法の欠缺を補い、多様な婚外関係に柔軟に対応して、社会的・経済的弱者を保護し、事実に即した公平な解決を試みてきた」歴史がある。この説は、「このような日本の内縁保護のあり方は比較法的に見ても独自なもので、現在までのところ、その柔軟さにおいては、際だっている」としながら、内縁保護法理の根拠を、準婚理論ではなく、ライフスタイル自己決定権によるとする。これは、「婚姻した夫婦でも、仕事などの理由で同居を欠いていたり、共稼ぎのため、生計を一方が他方に依存するという生計維持の関係がないケースが増えている。……婚姻を規準に、どれだけ婚姻に近いかによって、婚外関係を正当化し、法的保護を論じるような発想は、もはや妥当性を失っているのではないだろうか」と述べ、準婚理論によることを否定して、憲法13条の個人の幸福追求権である自己決定権を内縁保護法理の根拠とする。そして、自己決定権によって、ある生活形態を選択することによって、著しい不利益を被ったりするならば、その生活形態を選択することが不可能になるため、国家は中立的に、自己決定権の保障をしなければならないとし、自己決定権による国家保護の拡大を要求する。さらに、「関係継続中に一方が要保護状態にあった場合や、一方的な解消から他方が精神的に打撃を受け、病気になったり、仕事の継続が困難になるなど、要保護性が生じた場合には、解消した方は要保護者を補完する義務」があるとする要保護性も判断基準とする。また、内縁の保護規準を「精神的にも日常の生活においても相互に協力し合った一種の共同生活形態を形成していた」とする。しかし、「ライフスタイルとしての自己決定権をいうのであれば、自らの意思と決定によって、たとえば、しかるべき契約を締結することによって、自分たちの経済関係を規律していくことを望むはずである。かりに当事者の一方が婚姻と同様の裁判所の後見的な介入を望むとしても、それに応じるのは、国民の自由や自己決定権、プライヴァシー権の領域に自覚的な立場をとるのであれば、過保護・過干渉であるといわざるを得ない」という批判がある。さらに、自己決定権は、「医療における治療方法の選択のように、それぞれの異なる選択肢の利害得失を十分に理解した上で自ら自己決定する権利をいうもの」で、自らの意思で契約を締結することによって、自分たちの関係を規律していくことではないかと強く述べる（古川瓔子前掲論文）。

②　事実婚に内縁保護法理による法的保護を認めないとする学説

C説；事実婚に準婚理論による婚姻法の効果を認めないとする説（太田武男『現代の内縁問題』91頁以下（有斐閣、1996）他）

内縁については、準婚理論による婚姻法の効果を認めるが、内縁を、婚姻意思がある一定期間の同居がある夫婦共同生活がある婚姻外の男女関係として厳しく範囲を限定するため、事実婚は、内縁にはあたらないとして、準婚理論による婚姻法の効果を認めないとし、事実婚の法的保護は、契約理論によるとする。また、事実婚に準婚理論を適用して保護することは婚姻法体系を混乱させるおそれもあるとする見解もある。

D説；内縁・事実婚に準婚理論で法的保護を認めないとする説（水野紀子「事実婚の法的保護」石川稔＝中川淳＝米倉明編『家族法改正への課題』69頁以下（日本加除出版、1993）他）

婚姻意思を持たない内縁・事実婚の当事者に法律婚の婚姻効果を強制することは、私的自由の領域を侵すことであるとし、内縁・事実婚に準婚理論による婚姻法の効果を認めないとする。また、準婚理論の法的正当化は難しいとして、事実婚の当事者の保護は、契約理論によって行われるべきとする。しかし、「第三者との関係では、たとえば日常家事債務の連帯責任のように、婚姻法が類推適用される」とする。この考え方の背後には婚姻尊重の考え方がある（大村敦志『家族法［第２版補訂版］』240頁（有斐閣、2004））。

Ｄ説は、内縁・事実婚は、「自由の領域の承認であり、そこには国家権力が介入や評価を慎むべき領域である」ため、内縁保護法理で法的保護をするべきでないとする。日本において、準婚理論を可能にしたのは、内縁の伝統、婚姻意思の軽視、婚姻法の効果が貧弱であること、東洋法の伝統法意識であるとする。さらに、「婚姻意思をもたない事実婚カップルに対して裁判所が婚姻の効果規定を適用する内縁準婚理論は、本来正当化が非常に難しい」とし、準婚理論の法的構成を批判する。しかし、「内縁準婚理論の適用対象を主体的な事実婚カップルを除いた伝統的な『強いられた内縁』カップルに限定する解釈は、伝統的な内縁が現在の日本ではほとんどありえないという前提を共有するのであれば、法律婚主義の導入期の日本においてのみ、内縁準婚理論が妥当することを意味するものであって、合理性のある解釈である。」と述べているが、内縁準婚理論は、本来正当化が非常に難しいとしながら、「強いられた内縁」に準婚理論が妥当するというのは、その理論構成に矛盾があるとも思える。また、この説は、「内縁に準用してもとりあえず支障が生じないような法律婚の効果の貧弱さに問題があり、むしろ婚姻法の改正こそが急務」であると主張し、婚姻障害となっている同氏強制の削除、離婚法の改革、離婚給付や扶養料の履行確保など法律婚の法的効果を手厚くすることを優先して解決すべきであるとする。しかし、この考え方によると「婚姻から権威主義的な要素をできるだけ除去することである。はたしてこれは可能か」問題であるとする（古川璦子前掲論文）。

Ｅ説：相対的効果説（鈴木禄弥『親族法講義』149頁以下（創文社、1988）等

内縁を準婚として扱うのではなく、婚姻外男女関係で法的に婚姻として扱われてないものにいかなる法的な効果があたえられるべきかを、一般問題の一つとして考える見解である（内田貴『民法Ⅳ［補訂版］親族・相続』144頁（東京大学出版会、2004）他)。婚姻外男女関係を連続的・段階的に区別して捉え、「婚姻以外の男女の結合にいかなる法的効果が与えられるべきかは、結合の排他性・継続性、同居・家計の共同性の有無、社会ないし周囲のサンクションの有無、婚姻障害の有無等の多様なファクターによって、具体的な男女結合類型ごとに、かつ問題となる具体的な事項ごとに定」めて、婚姻法の効果を与えるとする。

Ｅ説は、婚姻外男女関係を連続的・段階的に区別して捉えるとするが、「それぞれの段階を法効果との関連をも念頭におきつつ截然と区別することは困難であり、たとえ区別しえたとしても、それぞれの段階の中にもまた段階がある筈であるのみならず、各事案をどの段階に位置づけるかの問題も、……判例集に掲載されている程度ないし範囲の事実関係の説明では、常に必ずしも明らかに決しえない」といった批判があり、具体的事案ごとに個別的判断になるため、裁判官の裁量にゆだねられることになるとする。

学説上、内縁保護法理で事実婚の法的保護をする場合、事実婚・内縁は婚姻の届出がない事実上の夫婦の問題であるから、夫婦共同生活の実体が存在しなければ事実婚と認定しがたい点は、異論がないと考えられる。しかし、夫婦共同生活をどのように考えるかは必ずしも明確ではない。婚姻意思についても、Ａ説は、相当期間の共同生活の継続という事実から婚姻意思の存在を推認し、Ｃ説は、婚姻意思が明確に必要であるとしている。また、Ｂ説は、内縁の保護規準を「精神的にも日常の生活においても相互に協力し合った一種の共同生活形態を形成」していた場合とし、婚姻意思を相互協力の意思とすると考えている。このような検討から内縁成立の主観的要件である婚姻意思をどのように判断するのかで事実婚に内縁保護法理で法的保護を認めるか認めないかに違いがでてくるといえよう（古川瓔子前掲論文)。

(7) 終わりに

事実婚について明確な立ち位置もなく書き流していたら、いつの間にか事実婚の法的保護の内容とそれに関連する学説の内容と対立という暗闇の中に紛れ込んでしまった感がある。そこから抜け出す術もなく若い研究者の鋭い研究内容にひきずられながらここまでたどりついた。とりわけ、事実婚の法的保護の部分では、古川瓔子氏のアグレッシブな論陣に自然と敬意を向けつつ事実婚の問題の根の深さを自覚させられたような次第である。

思えばこの問題は明治民法施行当時から内縁保護をめぐっていろいろ議論され、判例も積み重ねられてきた問題であった。しかし、時代の変化と国民の価値観なり法意識は大きく変化している、いや、変化の途中であるといったほうがいいかも知れない。そこでは、事実婚のありようも変化しているし、その発生原因もかなり革新的なものの考えが強いバックになっているようにも思われる。事実婚保護についてその可否や方法論等古川氏の論稿により目から鱗の状況であったが、今の筆者の知見ではどの説がいいとかそうではないというような立場を示すことは不可能である。むしろ、大事なことは、①保護に値する事実婚とは具体的にどのような形態の男女の結合関係であるかを明らかにすること、②それを明らかにするには当事者の意思如何もさることながら、客観的な生活容態を基本にして、保護の内容を検討すること、③いつまでも内縁準婚説とか婚姻予約の理論といった明治民法的理論に固執することなく、まさに現代的事実婚保護のための新しい理論的アプローチを心掛けること、④そして、もし、真に婚姻法的保護の必要性のあるカップルが存在するなら、一歩進んでそうしたカップルの公的登録制度も検討されてよいであろう。法律婚主義のみが大手を振って闊歩する時代は終焉に向いつつあると思う。しかし、婚姻制度の保障する権利の範囲は広くその持つ力の大きいことも事実である。にもかかわらず、これからは、どのような形式の婚姻を選ぶかよりもどのような生活を送るかに人生を考える指針が傾斜しつつあるように思う。婚姻の多様化とはまさにそういう状況にあることを指しているのであろう。そうした時代における事実婚問題として議論が発展することを期待したい。

2　パートナーシップという法律関係について（最高裁平成16年11月18日第一小法廷判決を中心に）

⑴　はじめに

この問題は前項で述べた事実婚をめぐる問題の一部であるともいえるが、近時の増加傾向、司法の場に登場する機会の増加、地方自治体による積極的支援などの動きを見ていると、今後正面からの議論も必要となる問題に発展する可能性があるように思われる。

もっとも、パートナーシップと言っても現段階では一義的な意味で捉えられているわけではないから留意が必要である。二つに分けられる。一つは、婚姻をしようとすれば可能である男女間におけるパートナーシップである。これは、婚姻という法律関係を選択しないで、それとは異なる関係を形成しようとするものである。ただ、今後、より重要性を増していくのは、単に婚姻届を出さないという漠然とした事実婚や内縁ということではなく、より明確な内容を合意してなされるパートナーシップであることが予想されることである（この点については、パートナーシップ関係の法律論の嚆矢となったとされている最高裁平成16年11月18日第一小法廷判決の事案がある。これは後で紹介する予定である）。こうした合意が、法的にどのような意味を有するのかは、現在でも明確ではない。しかし、一方で契約自由の原則があるとしても、婚姻に関してはその内容についてはかなり厳格に定められているところでもある。契約としての合意であるとすれば、そうした法の規制から一切解放されることになるのかどうかという点は明確ではない。

次に今一つのタイプとして、現在では婚姻が許されないとされている当事者間におけるパートナーシップの問題である。例えば、同性の間でのこうした関係をどのように扱うのかというのは、比較法的な動向や現在の社会状況からすると、いずれにしても、その対応の必要性の有無を含めて議論していくことが求められるであろう。その場合にも、単に同性での婚姻を認めるか否かというだけでなく、婚姻ではないパートナーシップを認めるのか、仮に認めるとすれば、それは契約自由の原則に委ねられるべきものなのか等々が問題となると考えられる（窪田充見「現在の親族法をめぐる課題」松川正毅＝窪田充見編『新基本法コンメンタール親族［第２版］』10頁（日本評論社、2019))。なお、この同性婚訴訟についての札幌地裁令和３年３月17日判決もあるのでこれも後で紹介したいと考えている。それでは初めに、結婚をしようとすれば可能である男女間でのパートナーシップについての、最初の問題提起型の裁判例を紹介しよう。

⑵　婚姻外の男女の関係を一方的に解消したことにつき不法行為責任が否定された事例（最高裁平成16年11月18日第一小法廷判決・判例時報1881号83頁）

本件は、婚姻届を出さずに別居しながら子ども二人をもうけ、約16年にわたり婚姻外の男女関係（パートナーシップ関係）を続けた女性（原告Ｘ）が、相手の男性（被告Ｙ）から突然かつ一方的に関係解消を通告された上、Ｙが別の女性と婚姻したことによって、精神的損害を受けたとして、慰謝料500万円の支払いを求めた事案である。

ＸとＹは、昭和60年11月に知り合い、その一か月後には婚約したが、翌年３月に婚約を解消した。ＸとＹとの関係は、婚約解消後も続き、平成13年に至るまでの約16年間にわたるものであり、両者の間には二人の子どもが生まれ、時には仕事の面で相互に協力をしたり、一緒に旅行をすることもあったが、両者は、その住居を異にしており、共同生活をしたことは全くなく、それぞれが自己の生計を維持管理しており、共有する財産もなかった。ＸとＹとの間に二人の子どもを出産したが、子どもの養育の負担を免れたいとのＸの要望に基づく両者の事前の取り決めに従い、Ｘは二人の子どもの養育には一切かかわりを持っておらず、Ｘは、出産の際に、Ｙ側から出産費用等として相当額の金員をその都度受領していた。そして、ＸとＹは、出産の際に婚姻の届出をし、出産後に協議離婚の届出をすることを繰り返しているが、これは、生まれてくる子供が法律上不利益を受けることがないようにとの配慮等によるものであって、昭和61年３月に両者が婚約を解消して以降、両者の間に民法所定の婚姻をする旨の意思の合致が存したことはなく、かえって、両者は意図的に婚姻を回避しており、ＸとＹとの間において、前記の関係に関し、その一方が相手方に無断で相手方以外の者と婚姻をするなどして前記の関係から離脱してはならない旨の関係存続に関する合意がされた形跡はなかった。

第一審の東京地方裁判所は、ＸとＹとの関係は、法律上の夫婦同様の関係であるとまでいうことができない上、終生、相互に協力し、扶助する義務があり、一方当事者の意思で解消することができない永続的な関係であると解することはできず、その関係の継続をＹに強制できるものではなく、Ｘの精神的苦痛に対する法的な賠償をＹに求めることはできないとして、Ｘの請求を棄却した。

これに対し、原審の東京高等裁判所は、前記の事実関係の下において、互いに生活上の「特別の他人」としての立場を保持してきたこともまた認められ、Ｙが、Ｘとの格別の話し合いもなく、突然、前記関係を一方的に破棄し、それを破綻させるに至ったことについては、Ｘにおける関係継続についての期待を一方的に裏切るものであって、相当とは認め難いとして、Ｘの請求を、慰謝料100万円の支払いを求める限度で認容し、その余を棄却した。

この原判決に対し、Ｙから上告受理の申立てがあり、これが受理された。

本件最高裁判決は、婚姻外の男女の関係が継続していた期間中、両者は、その住居を異にしており、共同生活をしたことは全くなく、それぞれが自己の生計を維持管理しており、共有する財産もなかったこと、Ｘは、Ｙとの間に二人の子を出産したが、子の養育の負担を免れたいとのＸの要望に基づく両者の事前の取り決め等に従い、二人の子の養育には一切かかわりを持たず、また、出産の際には、Ｙ側から出産費用等として相当額の金員をその都度受領していること、両者の間には民法所定の婚姻をする旨の意思の合致が存したことはなく、かえって、両者は意図的に婚姻を回避していること、両者の間において、その一方が相手方に無断で相手方以外の者と婚姻をするなどしてその関係から離脱してはならない旨の関係存続に関する合意がされた形跡はないことなど判示の事情の下においては、婚姻及びこれに準ずるものと同様の存続の保障を認める余地がないことはもとより、前記関係の存続に関し、ＹがＸに対して何らかの法的な義務を負い、または、Ｘが前記関係の存続に関する法的な権利ないし利益を有するものとはいえず、ＹがＸとの関係を一方的に破棄して他の女性と婚

姻したことをもって、慰謝料請求権の発生を肯認し得る不法行為と評価することはできないものとあるとして、原判決のうちＹ敗訴部分を破棄し、Ｘの請求を棄却して一審判決を相当とした。

以上が本件事案の経過である。

⑶　若干の考察

本件はパートナーシップ関係に関するその関係の法的性質論と法的保護を認める場合の要件論的事実を整理分析する上で最も先駆的裁判例といえよう。本件は冒頭に述べた分類に従えば「婚姻をしようとすれば可能である男女間でのパートナーシップ関係」である。婚姻外の男女関係については、両当事者の合意に基づく限り、いかなる関係を形成するかは、原則として当事者の自由であって、これを規制する必要はないが、これに特別な法的効果を付与する必要もないという見解を採るものが多いとされている（鈴木禄弥『親族法講義』79頁（創文社、1988)、大村敦志『家族法［第２版補訂版］』224頁等（有斐閣、2004)）。

ただし、婚姻外の男女関係であっても、内縁関係については、婚姻に準ずる関係として法的保護を与えるのが通説・判例である。

それでは、本件ではＸのＹに対する損害賠償請求が第一審と最高裁によって否定されるという形でＸ・Ｙ間の関係は法的保護に値するものではないと判断されたのであるが、少しく本件事案におけるＸとＹ間の関係から見てとれる特徴的事実を取り上げ、それらがＸとＹに法的保護を与えることにつきプラスに働くのかマイナスに働くのかを整理してみよう。その前に本件のような事案は極力詳しい事実関係を前提に考慮することがより必要であると考えられるので、裁判記録に現れた事実関係の概要をまず紹介することにしよう。以下のとおりである。

①　上告人（Ｙ）と被上告人（Ｘ）とは、被上告人が大学４年生であった昭和60年11月に結婚相談所を通じて知り合い、その１か月後には婚約し、翌年３月に入籍の予定であったが、同月ころ、婚約を解消した。上告人と被上告人は、上記婚約を解消するに際し、結婚する旨の報告をしていた関係

者に対し、連名で婚約を解消する旨の書状を発送したが、その書状には、「お互いにとって大切な人であることにはかわりはないため、スープの冷めないぐらいの近距離に住み、特別の他人として、親交を深めることに決めました」との記載がある。

② 上告人は、昭和61年4月15日ころ、東京都a区内の被上告人の家の近くに引っ越して来て、双方が互いの家を行き来するようになった。そして、平成2年4月に上告人が東京都b市の自宅に転居してからも、上告人が被上告人宅に泊まって被上告人宅から出勤するということもあった。もっとも、上告人と被上告人とは、その住居は飽くまでも別々であって同居をしたことはなく、合鍵を持ち合うことも、上告人が被上告人宅に泊まったときに一緒に食事をすることもなく、また、生計も全く別で、それぞれが自己の生計の維持管理をしており、共有する財産もなかった。

③ 被上告人は出産には消極的であったが、上告人が子供を持つことを強く望んだため、両者の間で、上告人が出産に関する費用及び子供の養育について全面的に責任を持つという約束をした上で、被上告人は、平成元年6月6日、上告人との間の長女を出産した。上告人と被上告人は、長女の出産に際しては、子供が法律上不利益を受けることがないようにとの配慮等から、その出生の日に婚姻の届出をし、同年9月26日に協議離婚の届出をした。また、被上告人は、上記の約束に基づき、妊娠及び出産の際の通院費、医療関係費及び雑費等を上告人に請求して受領したほか、上告人の親から出産費用等として約650万円を受け取った。

上記の約束に基づき、長女は、出生後、静岡県c市内に住んでいた上告人の母に引き取られ、その下で養育され、被上告人がその養育にかかわることはなかった。その後、長女は、上告人の母と共に東京都b市内に転居し、上告人の母と2人で暮らしている。

④ 被上告人は、平成5年2月10日、上告人との間の長男を出産した。長男の出産は、一卵性双生児の一方が出産後間もなく死亡するという異常出産で、被上告人自身も一時的に危篤状態に陥り、2か月間入院した。その出

産に先立ち、被上告人が、生まれてくる子供の養育の負担により自分の仕事が犠牲にならないようにするため、子供の養育の放棄を要望したことから、上告人と被上告人とは、平成４年11月17日、被上告人及びその家族が出産後の子供の養育についての労力的、経済的な負担等の一切の負担を免れることを上告人は保障すること、被上告人は上告人が決定する子供の養育内容について一切異議を申し立てないこと等の取決めを行い、その取決めを記載した書面に公証人役場において公証人の確定日付を受けた。また、被上告人は、長男の出産の際にも、上告人から相当額の出産費用等を受け取っており、両者は、長女の場合と同様の配慮から、長男の出生の届出をした日（平成５年２月19日）に婚姻の届出をし、同月23日に協議離婚の届出をした。

長男は、上記取決めに基づき、上告人に引き取られたが、上告人の判断で施設に預けられた。長男は、その施設において養育され、被上告人がその養育にかかわることは全くなかった。その後、後記のとおり、上告人がＡと婚姻したことにより、長男は、平成14年３月、上告人らの下に引き取られた。

⑤　長男の出産の前後において、上告人と被上告人との関係が悪化し、上告人の被上告人に対する暴力行為や、上告人による被上告人宅の玄関ドアの損壊などがあり、出産後、両者は半年間ほど絶交状態にあったが、その後、関係が修復し、上告人が被上告人の原稿の校正を行ったり、被上告人の研究分野に関する資料を送付したり、一緒に旅行をするなどしていた。また、被上告人は、平成８年ころからｄ大学教育学部の助教授として勤務するようになったが、上告人は、被上告人がｄ市内にアパートを借りるに当たって連帯保証人となったり、被上告人が同大学で「ジェンダー論」の講義をするに際し、被上告人の求めに応じ、講義資料として自己の戸籍謄本を提供したり、学生にメッセージを寄せるなどの協力をした。

⑥　Ａは、大学の通信教育で学びながら、上告人の勤務する百貨店でアルバイトをしていたが、平成12年ころ、上告人と知り合い、思いを寄せるよう

になった。Aは、上記アルバイトを辞め、別の会社に勤めた後も、上告人との交際を続けた。Aは、平成13年４月30日、上告人宅を訪れ、上告人と話合いをし、上告人と被上告人との間に２人の子供がいることを理解した上で、上告人との結婚を決意した。

⑦　上告人と被上告人とは、同年５月の連休に、一緒に京都旅行に行くことにしていたが、上告人がこれをキャンセルし、被上告人は１人で旅行に出かけた。同月２日、上告人は、京都旅行から東京に帰ってきた被上告人に対し、東京駅において、今後は今までのような関係を持つことはできない旨等を記載した手紙を手渡すとともに、他の女性と結婚する旨を告げ、被上告人との関係を解消した。

⑧　上告人とAは、同年７月18日、婚姻の届出をした。

このような事実関係を背景に持ちつつ、被上告人が、上告人に対し、上告人が突然かつ一方的に両者の間の「パートナーシップ関係」の解消を通告し、Aと婚姻したことが不法行為に当たると主張して、これによって被上告人が被った精神的損害の賠償を求めた事案である。これに対し、前記のとおり一審は被上告人の請求を棄却し、本件最高裁も上告人の行為をもって不法行為と評価することはできないとして一審判決を相当としたのである。しかし、本件原審の東京高裁は上告人の両者の関係を一方的に裏切る行為は相当とは認め難いとして被上告人の請求を一定限度で認容したのである。

さて、原審の確定した事実関係の全体を読むにつけ、この事案はどちらにころんでもおかしくないほどに不法行為責任を認めるか否か、つまり、本件事案の２人の間の事実関係の評価により法的保護の対象となり得るか否か、まさに限界的事例に属する事案のように思われるのである。あえて感想を述べれば筆者は不法行為責任は認められてしかるべきであると考えている。以下、少しくその理由を述べてみよう。

本件最高裁判決が上告人の不法行為責任を否定した理由を改めてまとめると、以下の事由を挙げている。(a)上告人と被上告人との関係は、昭和60年から平成

13年に至るまでの約16年間にわたるものであり、両者の間には２人の子供が生まれ、時には、仕事の面で相互に協力をしたり、一緒に旅行をすることもあったこと、しかしながら、(b)上記の期間中、両者は、その住居を異にしており、共同生活をしたことは全くなく、それぞれが自己の生計を維持管理しており、共有する財産もなかったこと、(c)被上告人は上告人との間に２人の子供を出産したが、子供の養育の負担を免れたいとの被上告人の要望に従い、被上告人は２人の子供の養育には一切かかわりを持っていないこと、そして、被上告人は、出産の際には、上告人側から出産費用等として相当額の金員をその都度受領していること、(d)上告人と被上告人は、出産の際に婚姻の届出をし、出産後に協議離婚の届出をすることを繰り返しているが、これは、生まれてくる子供が法律上不利益を受けることがないようにとの配慮等によるものであって、昭和61年３月に両者が婚約を解消して以降、両者の間に民法所定の婚姻をする旨の意思の合致が存したことはなく、かえって、両者は意図的に婚姻を回避していること、(e)上告人と被上告人との間において、上記の関係に関し、その一方が相手方に無断で相手方以外の者と婚姻をするなどして上記の関係から離脱してはならない旨の関係存続に関する合意がされた形跡はないことが明らかである。

以上が本件最高裁判決が上告人の不法行為責任を認めなかった主たる事由である。本件の上告人と被上告人との関係は、内縁関係にはもちろん当たらないし、いわゆる事実婚にも当たらないことは明白である。つまりは双方の合意に基づいて特別な関係をもった当事者であり、このようなカップルにはいわゆる準婚理論による保護も認められないケースであろう。だからこそのパートナーシップ関係なのである。こういう関係にあるカップルには契約理論により当事者の保護を図るべきであるとする見解もある。そうだとするとカップルの契約の内容が問題となろう。しかし、これは実際問題としてはかなり厳しい見解といえるのではなかろうか。当事者がどのような契約を結んだかは、しかく簡単ではない。書面による契約に限らず口頭の契約もあり得るわけで、必ずしも明確性を持っているわけではない。そんなことは当事者に任せておけばよいということなのかも知れない。しかし、問題の核心は法の保護の対象たり得る関係が存在したかどうかにある。上告人と被上告人との関係は、婚姻届を提出せず、法律婚として法の保護を受けることを拒否し、互いの同居義務、扶助義務も否定するという、通常の婚姻ないし内縁関係の実質を欠くものであったことは明らかである。そのような関係は、その維持を専ら両者の自由な意思のみに委ねるものであり、法的な拘束性を伴うものではないと解されるから、その解消に当たっては、互いに損害賠償責任を生ぜしめるものではないと解する余地もあり得る（第二審判決）。しかし、本件事案の場合はそのような論理を超克すると評価し得る事実が存在する。

まず、上告人と被上告人は16年間にわたり特別の関係を継続してきたという事実である。この事実はその間の２人の生活容態については共同生活の欠如、同一の生計維持の欠如等があったとしても重い意味を持つというべきである。婚姻外の男女関係のありようは多様である。婚姻的視点で見れば法の保護の対象たるカップルとして認めるにはかなりの抵抗感があるかも知れないが、しかしそれが全てではない。16年間の彼らの生活実態の積み重ねをトータルで考えるべきで、そうであればこの２人の16年間の関係は決して法的保護を考える場合に安易に軽視されてよいとは即断できない。さらに、２人は話し合いの上、２人の子供を得ている。一組の男女が２人の子どもを儲けるということは、男と女の火遊びの結果ならいざ知らず、本件の場合は２人が十分に話し合っているのである。もちろん出生後の養育の在り方については疑問や批判はあるかも知れないが、それは二次的問題であって基本は２人が話し合って子どもを儲けたということである。しかも２人もである。この事実は２人の関係を考えるときもっと重く評価されるべきことであろう。加えて、時には、お互いの仕事について協力している事実もある。時として一緒に旅行することもあった。こうした事実を見るだけでも原審が言うようにこの２人は生活上の「特別の他人」としての立場を保持してきたのである。そういう関係が16年間継続した関係であるにもかかわらず、上告人が被上告人と格別の話し合いもなく、突然に一方的に破棄し、破綻させるに至ったことについては、被上告人における関係継続についての期待を一方的に裏切るもので、とても妥当なものとは思われない。

上告人の被上告人に対する不法行為責任は認められるべきであろう。それが健全な市民感覚というものではなかろうか。それとも法律婚を回避して自由気ままに生きた罰だと考えるのが正しいのであろうか。多様な婚姻的関係が発展的に増加する中で本件判決は男目線に立った判断ではなかったかとも思う、本件の上告人と被上告人が逆の立場であったら果たして同じ結論が出されたであろうか。

いずれにしてもパートナーシップ関係もその存在形態は様々であろう。しかも、これからは間違いなく増えてくると思われる。その保護を考えるとき、婚姻的視点に立って議論するのも大切なことであるが、同時に新しい時代に生まれたカップルには基本的にその生き方を尊重し寛容な姿勢で臨むことも必要ではなかろうか。

３　同性婚訴訟をめぐって（札幌地方裁判所令和３年３月17日判決について）

さて、次は、婚姻が現行民法上許されない当事者間におけるパートナーシップの問題である。ここでは、男女間における制度として長い歴史を有する「婚姻」についても、同性間に認めること（同性婚）が生じている。実際に諸外国では同性婚を制度として認めている国も多い。他方で、前項で取り上げた婚姻ではないもの、同性間における関係性を念頭にしつつ、性別に関係なく共同生活を行うための契約であるパートナーシップ制度を導入する場合も散見される。例えば、1999年のフランスのPACS（連帯市民協約・異性あるいは同性の自然人たる２人の成人による共同生活を組織するために行われる契約）の導入などが有名である。

ただし、フランスでは、PACSを残したまま、2013年から同性婚が法制化されている。日本では、現状でも異性間の婚姻を前提とする法制度とその運用がされており、同性婚制度の導入はまだその実現への道のりは見えていない。ただ、各地方公共団体では、同性関係について公的に承認する「パートナーシップ制度」が導入されているところもある。現在全国で200以上の自治体がパートナーシップ制度を導入していると言われている。2015（平成27）年に東京の渋谷区と世田谷区が最初の導入をしたとされている。これがどのように評価されているかは確かなことはわからないが、この制度は、各自治体の行政に対して男女間夫婦と同様の対応を求めることまでに限られており、一般的に婚姻におけるような法律効果が認められているわけではない。そこで、同性カップルにも「婚姻」を認め、それに伴う法的効果を求める声が徐々に高まっているのである。

そこで、ここでは、令和３年３月17日に札幌地方裁判所であった一つの判決を取り上げて同性婚の問題を考えてみたいというのが目的である。

本件判決は、最初に性的指向等についてその意義と性的指向別の人口等について触れ、性的指向別の人口については異性愛者の割合がいずれの調査でも９割を超えているとし、異性愛以外の性的指向を持つ人口は不明なれど、いわゆるLGBTに該当する人が、人口の7.6%から８%とする調査があると指摘している。次いで、明治民法における婚姻、婚姻制度の目的を論じている。これは本件事案が婚姻の一態様である同性婚が主題となっている以上、婚姻の歴史的意義をトレースしておくことは本件事案の審理の前提条件として必要と判断したものであろう。さらに、戦後初期（昭和20年頃）から昭和55年頃までの同性愛に関する知見について、医学、心理学領域における同性愛に関する知見、外国における同性愛に関する知見、教育領域における同性愛の扱い等についてトレースしている。

次に、現行民法における婚姻の実質的意義等について論じ、そこでは同性婚は婚姻とは位置づけられていなかったとする。

昭和48年頃以降における同性愛に関する知見として、この時期の外国における同性愛に対する知見の変化について触れ、同性愛はいかなる意味でも治療の対象とならないとされ、わが国においても究極的には同性愛は精神疾患とはみなされなくなったとする。

さらに、諸外国における同性婚の制度の導入状況について触れ、以下のようにまとめている。

2000（平成12）年オランダ、2003（平成15）年ベルギー、2005（平成17）年スペイン及びカナダ、2006（平成18）年南アフリカ、2008（平成20）年ノルウェー、2009（平成21）年スウェーデン、2010（平成22）年ポルトガル・アイスランド及びアルゼンチン、2012（平成24）年デンマーク、2013（平成25）年ウルグアイ・ニュージーランド・フランス・ブラジル及び英国（イングランド及びウェールズ）、2015（平成27）年ルクセンブルグ及びアイルランド、2017（平成29）年フィンランド・マルタ・ドイツ及びオーストラリアとなっている。かなりの数の国が導入していることがよくわかる。

また、司法判断例として、米国連邦最高裁判所は、2015（平成27）年６月25日、いわゆるObergefell事件において、婚姻の要件を異性のカップルに限り、同性婚を認めない州法の規定は、デュー・プロセス及び平等保護を規定する合衆国憲法修正第14条に違反する旨の判決を言い渡した。また、台湾においては、2017（平成29）年、憲法裁判所に当たる司法院が、同性婚を認めない同国民法の規定は、同国憲法に違反する旨の解釈を示し、これに基づき同性婚を認める民法の改正が行われた。また、イタリアにおいては、2010（平成22）年、憲法裁判所が、婚姻は異性間の結合を指す旨判断し、2014（平成26）年にも同様の判断をしたが、同性の当事者間の権利及び義務を適切に定めた婚姻とは別の形式が同国の法制度上存在しないため、この点が同国憲法に違反する旨の判断をし、この結果、2016（平成28）年に登録パートナーシップ制度を認める法律が成立した。ロシアは、2013（平成25）年、同性愛行為は禁止しないが、同性愛を宣伝する活動を禁止するための法改正を行い、2014（平成26）年、憲法裁判所も同性愛行為が同国憲法に違反しない旨の判断をした。

ベトナムにおいては、2014（平成26）年、それまで禁止の対象となっていた同性との間で結婚式をすることを禁止事項から除く法改正を行ったが、同時に、婚姻は男性と女性との間のものと明記し、法律は同性婚に対する法的承認や保護を提供しないとされた。

また、韓国においては、2016（平成28）年、地方裁判所に相当する地方法院において、同性婚を認めるかは立法的判断によって解決されるべきであり、司法により解決できる問題ではないとの判断をした。同国の2013（平成25）年の調査においては、同性婚を法的に認めるべきとする者が25%だったのに対し、認めるべきではないとする者が67%に上っていた。

以上のような諸外国における同性婚の取り組み状況等をまとめている。

また、日本に所在する外国団体の動向にも触れ、例えば、在日米国商工会議所は、平成30年９月、日本を除くＧ７参加国においては同性婚又は登録パートナーシップ制度が認められているにもかかわらず、日本においてはこれらが認められていないことを指摘し、外国で婚姻した同性愛者のカップルが、我が国においては配偶者ビザを得られないなど同性愛者の外国人材の活動が制約されているなどとして、婚姻の自由をLGBTカップルにも認めることを求める意見書を公表した。また、同月、在日オーストラリア・ニュージーランド商工会議所、在日英国商業会議所、在日カナダ商工会議所及び在日アイルランド商工会議所も上記意見書に対する支持を表明し、その後、在日デンマーク商工会議所も支持を表明した。

次に、我が国の状況について触れている。

我が国においては、平成27年10月に東京都渋谷区が、同年11月に東京都世田谷区が登録パートナーシップ制度を導入したのをはじめとして、登録パートナーシップ制度を導入する地方公共団体が増加し、現在では導入した地方公共団体数が約60となり、そのような地方公共団体に居住する人口は合計で約3,700万人を超えた。

我が国における、権利の尊重や差別の禁止などLGBTに対する基本方針を策定している企業数の調査において、平成28年の調査結果では173社であったが、令和元年の調査結果では364社であったとしている。徐々に増加しているということであろう。

判決は続いて婚姻・結婚に関する統計についても触れているが、ここでは、同性婚の賛否等に関する意識調査の統計について紹介しておこう。

河口和也広島修道大学教授を研究代表者とするグループが行った平成27年の調査によれば、男性の44.8%、女性の56.7%が同性婚に賛成又はやや賛成と回答したが、男性の50%、女性の33.8%は同性婚に反対又はやや反対と回答した。

この調査においては、20〜30代の72.3%、40〜50代の55.1%は同性婚に賛成又はやや賛成と回答したが、60〜70代の賛成又はやや賛成の回答は32.3%にとどまり、同年代の56.2%は同性婚に反対又はやや反対と回答した。

毎日新聞社が平成27年に行った調査によれば、同性婚について、男性の38%、女性の50%が賛成と回答したのに対し、男性の49%、女性の30%が反対と回答した。

日本放送協会が平成27年に行った調査によれば、同性同士が婚姻することを認めるべきかとの質問に対し、51%がそう思うと回答し、41%がそうは思わないと回答した。

朝日新聞社が平成27年に行った調査によれば、同性婚を法律で認めるべきかとの質問に対し、49%が認めるべきだと回答し、39%が認めるべきではないと回答した。同回答においては、18〜29歳及び30代においては、認めるべきだとの回答が７割に上ったが、60代では認めるべきだ、認めるべきではないのいずれの回答も42%であり、70歳以上は、認めるべきではないとの回答が63%を占めた。

国立社会保障・人口問題研究所が平成30年に行った全国家庭動向調査によれば、同性愛者のカップルにも何らかの法的保障が認められるべきだとの調査項目に対し、全く賛成又はどちらかといえば賛成と回答した者は75.1%であり、全く反対又はどちらかといえば反対と回答した者は25.0%であった。また、同性婚を法律で認めるべきだとの調査項目については、全く賛成又はどちらかといえば賛成と回答した者は69.5%であり、全く反対又はどちらかといえば反対と回答した者は30.5%であった。

以上が判決の序論的・前提的説示であり、同性婚をめぐる様々の問題点について多角的にかつ詳細に述べており、同性婚問題の現状を把握する上でも極めて有意義な内容となっている。

さて、以下が本件判決の中心的部分である。

■事実関係の概要

本件は、原告らが、同性の者同士の婚姻を認めていない民法及び戸籍法の規定は、憲法13条、14条１項及び24条に反するにもかかわらず、国が必要な立法措置を講じていないことが、国家賠償法１条１項の適用上違法であると主張し、慰謝料各100万円及びこれらに対する平成29年法律第44号による改正前の民法404条所定の年５分の割合による遅延損害金の支払を求める事案である。

■民法及び戸籍法の関連規定

民法739条１項は、婚姻は戸籍法の定めるところにより届け出ることによってその効力を生ずるとし、同法74条１号は、婚姻をしようとする者は、夫婦が称する氏を届け出なければならない旨を規定するなど、婚姻制度を定める民法及び戸籍法の諸規定が全体として異性間の婚姻（以下「異性婚」という。）のみを認めることとし、同性間の婚姻（以下「同性婚」という。）を認める規定を設けておらず、これら民法及び戸籍法の婚姻に関する諸規定（以下、総称して「本件規定」という。）は、婚姻は、異性間でなければすることができない旨規定している。

■争点

①　本件規定は憲法13条、14条１項又は24条に違反するものであるか

②　本件規定を改廃しないことが国家賠償法１条１項の適用上違法であるか

■争点に対する当事者の主張の要旨

◆争点①について

⑴　**原告らの主張の要旨**

ア　本件規定は憲法24条及び13条に違反すること

憲法24条１項は、婚姻の自由を保障しているところ、かかる婚姻の自由の保障は、同性の者との間の婚姻にも及ぶものである。婚姻の自由が保障されるのは、それが憲法の基本的価値である個人の尊重に不可欠だからであり、より具体的には、個人の自己実現の価値、民主制の基盤としての重要性、公正な社会基盤としての重要性を有するからである。すなわち、近代社会では、国家が法をもって婚姻の要件を定め、効果を付与する役割を担っている。このように、人と人の永続性ある共同生活について、法律が要件と効果を定めて承認・公証する仕組みが法律婚であるといえる。憲法

も、法律婚の存在を予定し（同法24条１項２項）、民法は、当事者相互の協力義務（同法760条）、財産権の公平平等な実現のための制度（同法882条以下）及び財産分与（同法768条）など、親密な関係を基礎とする共同生活という婚姻の特質に応じて、様々な法的・経済的利益を集合的に付与しており、当事者の関係は、これらの利益と義務により強められている。また、法律婚には、当事者の結び付きが法的・社会的に家族として承認され、そのことを通じて強められるという重要な役割がある。このような価値や重要性は、同性の者にも、異性の者と同様に当てはまるものである。

また、憲法24条は、法律上同性の者との間の婚姻を禁止していない。すなわち、同項の制定趣旨は、戦前の民法下における家制度を否定し、婚姻に個人の尊重の理念を及ぼす点にあることからすれば、かかる制定趣旨は、同性婚にも及ぶものである。

以上のことからすれば、同性婚を認めない本件規定は、婚姻の自由を不当に侵害するものであり、憲法24条１項及び２項並びに13条に違反する。

イ　本件規定は憲法14条１項に違反すること

㈠　性的指向は自らの意思でコントロールできるものではないから、性的指向によって婚姻できるか否かが異なるという別異取扱いは、憲法14条１項後段が規定する性別又は社会的身分による差別というべきであり、その別異取扱いの合理性は厳格に審査されるべきである。また、そのような別異取扱いによって制約を受ける同性愛者の利益は、婚姻の自由という憲法上の権利であり、それが直接制約される場合である上、同性愛者は社会における圧倒的な少数者であり、民主制の過程で救済されないことから、やはりその別異取扱いの合理性は厳格に審査されるべきである。

㈡　本件規定は、異性愛者であれば、その性的指向に従って婚姻することができるのに対し、同性愛者に対しては、その性的指向に従って婚姻することを認めないものである。婚姻の自由は上記アのとおり同性間での婚姻も含むものであり、上記別異取扱いは、性的指向に基づき婚姻できるか否かに関する別異取扱いをするものといえるから、かかる本件規定は、憲法14条１項に反するものである。

(ウ)　また、婚姻制度に、親子関係の法的確定をするという目的が含まれているとしても、それのみが目的とされているものではないことは明らかであり、むしろ、当事者間の精神的な結合に基づく永続的な共同生活関係が婚姻の中心にあるのであって、そのような関係を公的に承認し、法的に規律し保護するのが婚姻の主たる目的であると解される。

国民には法律婚を尊重する意識が広く浸透しており、我が国においては、法律上の婚姻をしたカップルが正式なカップルと認識されて社会的に承認を受けているといえるが、カップルの関係を公示してその身分関係を明らかにすること自体にも社会的意義、必要性が存在するものである。しかしながら、我が国においては、同性愛者のカップルは公証を受けることができず、正式なカップルであるとの社会的認識を得られない結果、社会的な承認を受けられない。また、異性愛者のカップルであれば、婚姻に伴う様々な法令上の権利・利益のほか、パートナーの医療行為に対する同意をすることなど事実上の利益も享受することができるが、同性愛者のカップルにはこれらの権利・利益が一切付与されていない。

憲法及び本件規定の制定当初は、同性愛は精神疾患であり、倫理的にも許されないものとする社会通念が存在したが、現在に至るまでの間に、同性愛の性的指向を有することは、精神疾患ではないことが明らかにされ、また、性的指向が決定される原因については種々の議論があるものの、少なくとも、個人の意思に基づいて決定されるものではないことが明らかにされている。そうすると、上記のような公認を受け、それに伴う権利・利益を付与される利益を、異性愛者のカップルのみに付与し、同性愛者のカップルが享受できないものとする合理的理由はない。

そして、諸外国においては、同性婚や、同性愛者のカップル間の登録パートナーシップ制度を法制化する国が次々と現れ、諸外国からは、性的指向等による差別への懸念の表明などが示されているほか、国内においても、同性愛者のカップルの関係を認証する登録パートナーシップ制度を導入する地方公共団体（普通地方公共団体及び特別区を指すものとする。以下、同じ）が多数現れており、同性婚を認める意識が広く浸透してきたものといえる。現在の社会においては、異性愛のほかにも、同性愛をはじめとする種々の性的指向を有する者が存在することが明らかとなり、上記地方公共団体が導入した登録パートナーシップ制度を利用する同性愛者のカップルも増加している。

以上のとおり、本件規定は、異性愛者のカップルであれば、届出をすることによって公証され、それに伴い心理的・社会的利益、法的・経済的利益及び事実上の利益を与えるものとしているが、同性愛者のカップルには、そのような公証や利益を付与しないとするものであり、これに合理的根拠もないから、憲法14条１項に違反するものである。

(2)　被告の主張の要旨

ア　婚姻制度の目的

我が国における婚姻制度は、明治時代から、生殖と結び付けられ、男女間の結合を法的に公認する制度として発達し、現行憲法の成立後もそれを踏襲し、婚姻とは男女が子を産み育てる共同生活関係を保護するものとして創設されたものである。

イ　本件規定は憲法24条１項及び２項並びに13条に違反しないこと

憲法24条１項は、「両性」、「夫婦」という文言を用いており、婚姻が男女間のものであることを前提としているのは明らかであり、性別が同一の当事者間における婚姻を想定していないことは明らかであって、同項は、同性婚について、異性婚と同程度に保障しなければならないことを命じるものではないと解するべきである。

また、憲法13条が自己決定権を保障しているかどうかやその具体的内容は明らかでなく、さらに、仮に婚姻に関する何らかの自己決定権を観念できるとしても、現行の法律上の婚姻制度は、同法24条１項を前提とした、男女間の結合としての婚姻制度の構築を要請する同条２項の要請に従ってそのとおりに構築されたものであって、その法制度の枠を超えた、同性の者を婚姻相手として選択できる新たな法制度の創設を求める権利が自己決定権に含まれないことは明らかである。本件規定による現行の婚姻制度は、憲法の要請に従って構築されたものであり、それを超えて新たな婚姻制度の創設を求める権利が同法13条によって保障されていると解することはできない。

よって、本件規定は、憲法24条１項及び２項並びに13条に違反しない。

ウ　本件規定は憲法14条１項に違反しないこと

憲法24条１項は、同性婚を保障するものではないことは上記イのとおりであり、そうである以上、同性婚を認めないことが、同法14条１項に違反すると解する余地はない。

本件規定は、婚姻制度を利用することができるか否かの基準を、当事者の性的指向に置くものではなく、異性愛者であるか同性愛者であるかを問わず、国民は婚姻制度を利用することができるのであり、同性愛者も異性との間で婚姻することができるのであるから、同性愛者を殊更差別するものとはいえない。

婚姻制度は、上記アのとおり、夫婦がその間の子を産み育てながら共同生活を送るという関係に対して法的保障を与えることが目的とされていたものであり、現在においても、婚姻の当事者は男女であるとの理解に変化があったと認められるような状況にはなく、婚姻の意義及び目的について、生殖及び子の養育の重要性が減退し、パートナーとの人格的結び付きの安定化が重要になっているとはいえない。婚姻による法的効果に関する各規定は、このような婚姻制度の趣旨又は目的に沿って設けられているものであるから、本件規定が、子をつくることができる異性間の夫婦関係を保護することとしているのは合理的である。

また、婚姻した当事者において生ずる各種の権利義務は、同性愛者のカップルには法令上直ちに生じないものの、当事者間の契約によって発生させることはできる。

以上のことからすると、本件規定は、同性愛者のカップルと異性愛者のカップルを不合理に区別取扱いするものではなく、憲法14条１項に違反しない。

なお、争点②についての原告・被告の主張及び裁判所の判断は割愛させていただくことにする。

※**争点①に対する裁判所の判断**（判決内容は基本的に要旨ではなく全文を掲載することにしている。問題の本質的理解のためにはそのほうが有益であるからである）

本件規定が憲法24条又は13条に違反するか否かについて

(1)　婚姻及び家族に関する事項は、国の伝統や国民感情を含めた社会状況における種々の要因を踏まえつつ、それぞれの時代における夫婦や親子関係についての全体の規律を見据えた総合的な判断を行うことによって定められるべきものである。したがって、その内容の詳細については、憲法が一義的に定めるのではなく、法律によってこれを具体化することがふさわしいものと考えられる。憲法24条２項は、このような観点から、婚姻及び家族に関する事項について、具体的な制度の構築を第一次的には国会の合理的な立法裁量に委ねるとともに、その立法に当たっては、個人の尊厳と両性の本質的平等に立脚すべきであるとする要請、指針を示すことによって、その裁量の限界を画したものといえる。また、同条１項は、「婚姻は、両性の合意のみに基いて成立し、夫婦が同等の権利を有することを基本として、相互の協力により、維持されなければならない。」と規定しており、婚姻をするかどうか、いつ誰と婚姻をするかについては、当事者間の自由かつ平等な意思決定に委ねられるべきであるという趣旨を明らかにしたものと解される。婚姻は、これにより、配偶者の相続権（民法890条）や夫婦間の子が嫡出子となること（同法772条１項等）などの重要な法律上の効果が与えられるものとされているほか、近年家族等に関する国民の意識の多様化が指摘されつつも、国民の中にはなお法律婚を尊重する意識が幅広く浸透していると考えられることをも併せ考慮すると、上記のような婚姻をするについての自由は、憲法24条１項の規定の趣旨に照らし、十分尊重に値するものと解することができる（最高裁平成25年(オ)第1079号同27年12月16日大法廷判決・民集69巻８号2427頁（以下「再婚禁止期間違憲訴訟大法廷判決」という。））。

ところで、憲法24条１項は「両性の合意」、「夫婦」という文言を、また、同条２項は「両性の本質的平等」という文言を用いているから、その文理解釈によれば、同条１項及び２項は、異性婚について規定しているものと解することができる。そこで、上記のような婚姻をするについての自由が、同性間にも及ぶのかについて検討しなければならない。

(2)　同性愛は、明治民法が制定された当時は、変質狂などとされて精神疾患の一種とみなされ、異性愛となるよう治療すべきもの、禁止すべきものとされていた（認定事実(2)）。明治民法においては、同性婚を禁じる規定は置かれていなかったものの、これは、婚姻は異性間でされることが当然と解されていたためであり、同性婚は、明治民法に規定するまでもなく認められていなかった（認定事実(3)ア、イ）。また、同性愛は、戦後初期の頃においても変態性欲の１つなどとされ、同性愛者は精神異常者であるなどとされており（認定事実(4)ア）、このことは外国においても同様であった（認定事実(4)イ）。昭和22年５月３日に施行された憲法は、同性婚に触れるところはなく、昭和22年民法改正に当たっても同性婚について議論された形跡はないが、同性婚は当然に許されないものと解されていた（認定事実(5)ア～ウ）。

上記の事実経過に照らすと、まず、明治民法下においては、同性愛は精神疾患であることを理由として、同性婚は明文の規定を置くまでもなく認められていなかったものと解される。そして、昭和22年民法改正の際にも、同性愛を精神疾患とする知見には何ら変化がなく、明治民法下と同様の理解の下、同性婚は当然に許されないものと理解されていたことからすると、昭和21年に公布された憲法においても、同性愛について同様の理解の下に同法24条１項及び２項並びに13条が規定されたものであり、そのために同法24条は同性婚について触れるところがないものと解することができる。以上のような、同条の制定経緯に加え、同条が「両性」、「夫婦」という異性同士である男女を想起させる文言を用いていることにも照らせば、同条は、異性婚について定めたものであり、同性婚について定めるものではないと解するのが相当である。そうすると、同条１項の「婚姻」とは異性婚のことをいい、婚姻をするについての自由も、異性婚について及ぶものと解するのが相当であるから、本件規定が同性婚を認めていないことが、同項及び同条２項に違反すると解することはできない。

(3)　また、憲法24条２項は、婚姻及び家族に関する事項について、具体的に制度の構築を第一次的には国会の合理的な立法裁量に委ね、同条１項はその裁量権の限界を画したものと解されることは上記(1)において説示したとおりであり、同条によって、婚姻及び家族に関する特定の制度を求める権利が保障されていると解することはできない。同性婚についてみても、これが婚姻及び家族に関する事項に当たることは明らかであり、婚姻及び家族に関する個別規定である同条の上記趣旨を踏まえて解釈するのであれば、包括的な人権規定である同法13条によって、同性婚を含む同性間の婚姻及び家族に関する特定の制度を求める権利が保障されていると解するのは困難である。

実質的にも、後記３(2)アで詳説するとおり、婚姻とは、婚姻当事者及びその家族の身分関係を形成し、戸籍によってその身分関係が公証され、その身分に応じた種々の権利義務を伴う法的地位が付与されるという、身分関係と結び付いた複合的な法的効果を同時又は異時に生じさせる法律行為であると解されるところ、生殖を前提とした規定（民法733条以下）や実子に関する規定（同法772条以下）など、本件規定を前提とすると、同性婚の場合には、異性婚の場合とは異なる身分関係や法的地位を生じさせることを検討する必要がある部分もあると考えられ、同性婚という制度を、憲法13条の解釈のみによって直接導き出すことは困難である。

したがって、同性婚を認めない本件規定が、憲法13条に違反すると認めることはできない。

本件規定が憲法14条１項に違反するか否かについて

(1)　憲法14条１項は、法の下の平等を定めており、この規定は、事柄の性質に応じた合理的な根拠に基づくものでない限り、法的な差別的取扱いを禁止する趣旨のものであると解すべきである（最高裁昭和37年(オ)第1472号同39年５月27日大法廷判決・民集18巻４号676頁、最高裁昭和45年(あ)第1310号同48年４月４日大法廷判決・刑集27巻３号265頁、再婚禁止期間違憲訴訟大法廷判決等)。

前記２(1)のとおり、婚姻及び家族に関する事項は、国の伝統や国民感情を含めた社会状況における種々の要因を踏まえつつ、それぞれの時代における夫婦や親子関係についての全体の規律を見据えた総合的な判断を行うことによって定められるべきものであるから、憲法24条２項は、婚姻及び家族に関する事項について、具体的な制度の構築を第一次的には国会の合理的な立法裁量に委ねたものである。このことに加え、前記２(2)及び(3)のとおり、同条及び13条によって、同性間の婚姻をするについての自由や同性婚に係る具体的制度の構築を求める権利が保障されているものではないと解されることにも照らすと、立法府は、同性間の婚姻及び家族に関する事項を定めるについて、広範な立法裁量を有していると解するのが相当である。

(2)ア　戸籍法は、婚姻は届出によってできるものとし（同法74条)、婚姻の届出があったときは、夫婦について新戸籍を編製し（同法16条１項)、当該戸籍には、戸籍内の各人について、夫又は妻である旨が記載され（同法13条１号、６号)、子が出生した場合にはこれを届け出なければならず（同法49条１項)、子は親の戸籍に入ることとされ

(同法18条)、戸籍の正本は市役所等に備え置くこととされており（同法８条２項)、戸籍によって婚姻した男女や子の身分関係を公証している。また、民法は、婚姻に関する規定を設け（同法731条以下)、婚姻は戸籍法の定めるところにより届け出ることによってその効力を生ずるとした（同法739条１項）上で、三親等内の姻族も親族とし（同法725条３号)、同居の親族の扶け合いの義務（同法730条)、夫婦間の夫婦財産制（同法755条以下)、夫婦相互の同居・協力・扶助義務（同法752条)、夫婦の子に関する嫡出の推定（同法772条)、夫婦の子に対する親権（同法818条以下)、配偶者の相続権（同法890条）など、婚姻当事者及びその家族に対して、その身分に応じた権利義務を伴う法的地位を付与している。

以上のことからすると、婚姻とは、婚姻当事者及びその家族の身分関係を形成し、戸籍によってその身分関係が公証され、その身分に応じた種々の権利義務を伴う法的地位が付与されるという、身分関係と結び付いた複合的な法的効果を同時又は異時に生じさせる法律行為であると解することができる（以下、上記の法的効果を併せて「婚姻によって生じる法的効果」という。)。

イ　ところで、本件規定は、異性婚についてのみ定めているところ、異性愛者のカップルは、婚姻することにより婚姻によって生じる法的効果を享受するか、婚姻せずそのような法的効果を受けないかを選択することができるが、同性愛者のカップルは、婚姻を欲したとしても婚姻することができず、婚姻によって生じる法的効果を享受することはできない。そうすると、異性愛者と同性愛者との間には、上記の点で区別取扱いがあるということができる（以下「本件区別取扱い」という。)。

以上のことからすると、立法府が、同性間の婚姻及び家族に関する事項について広範な立法裁量を有していることは、上記(1)で説示したとおりであるが、本件区別取扱いが合理的根拠に基づくものであり、立法府の上記裁量権の範囲内のものであるかは、検討されなければならない。

ウ　この点、被告は、同性愛者であっても、異性との間で婚姻することは可能であるから、性的指向による区別取扱いはないと主張する。

確かに、本件規定の下にあっては、同性愛者であっても異性との間で婚姻をすることができる。

しかしながら、性的指向とは、人が情緒的、感傷的、性的な意味で人に対して魅力を感じることであり、このような恋愛・性愛の対象が異性に対して向くことが異性愛、同性に対して向くことが同性愛である。また、婚姻の本質は、両性が永続的な精神的及び肉体的結合を目的として真摯な意思をもって共同生活を営むことにあると解される（最高裁昭和61年㈴第260号同62年９月２日大法廷判決・民集41巻６号1423頁参照）。これらのことからすれば、同性愛者が、性的指向と合致しない異性との間で婚姻することができるとしても、そのような婚姻が、当該同性愛者にとって婚姻の本質を伴ったものにはならない場合が多いと考えられ、そのような婚姻は、憲法24条や本件規定が予定している婚姻であるとは解し難い。さらに、婚姻意思（民法742条１号）とは、当事者間に真に社会観念上夫婦であると認められる関係の設定を欲する効果意思であると解される（最高裁昭和42年㈴第1108号同44年10月31日第二小法廷判決・民集23巻10号1894頁参照）ところ、同性愛者が、恋愛や性愛の対象とならない異性と婚姻したとしても、婚姻意思を伴っているとは認め難い場合があると考えられ、そのような婚姻が常に有効な婚姻となるのか、疑問を払拭できない。

上記のような性的指向や婚姻の本質に照らせば、同性愛者が、その性的指向と合致しない異性との間で婚姻することができるとしても、それをもって、異性愛者と同等の法的利益を得ているとみることができないのは明らかであり、性的指向による区別取扱いがないとする被告の主張は、採用することができない。

⑶　そこで、本件区別取扱いが合理的根拠を有するといえるかについて検討する。

ア　同性愛は、現在においては精神疾患とはみなされておらず、さらには、性的指向の決定要因は解明されていないものの、人がその意思で決定するものではなく、また、人の意思又は治療等によって変更することも困難なものであることは、確立された知見に至ったということができる（認定事実⑴ア、⑹）。そうすると、性的指向は、自らの意思に関わらず決定される個人の性質であるといえ、性別、人種などと同様のものということができる。

このような人の意思によって選択・変更できない事柄に基づく区別取扱いが合理的根拠を有するか否かの検討は、その立法事実の有無・内容、立法目的、制約される法的利益の内容などに照らして真にやむを得ない区別取扱いであるか否かの観点から慎重にされなければならない。

イ　現在においても、法律婚を尊重する意識が幅広く浸透しているとみられるが（最高裁平成24年(ク)第984号、985号同25年９月４日大法廷決定・民集67巻６号1320頁参照）、このことは、①明治民法から現行民法に至るまで、一貫して、婚姻という制度が維持されてきたこと、②婚姻するカップルが年々減少しているとはいえ、いまだ毎年約60万組のカップルが婚姻しており、諸外国と比較しても、婚姻率は高く、婚姻外で生まれる嫡出でない子の割合は低いこと（認定事実⑼イ(ア)〜(ウ)）、③各種の国民に対する意識調査においても、婚姻（結婚）をすることに肯定的な意見が過半数を大きく上回っていること（認定事実⑼ア(ア)〜(エ)）、④内閣も、法律婚を尊重する意識が国民の間に幅広く浸透していると認識していること（甲Ａ261）、⑤法令においては、婚姻の届出をしていないが、事実上婚姻関係と同様の事情にある者について、婚姻している者と同様に扱う例が多数見られ（児童手当法３条２項、犯罪被害者等給付金の支給等による犯罪被害者等の支援に関する法律５条１項１号、児童扶養手当法３条３項、母子及び父子並びに寡婦福祉法６条１項、厚生年金保険法３条２項、国民年金法５条７項など)、事実上婚姻関係と同様の事情にある者に対しては、婚姻している者と同様の権利義務を付与することが法技術的には可能であるにもかかわらず、なお婚姻という制度が維持されていることの各事情からもうかがわれるものといえる。

このことからすると、婚姻することにより、婚姻によって生じる法的効果を享受することは、法的利益であると解するのが相当である。

そして、このような婚姻によって生じる法的効果を享受する利益は、それが異性間のものであれば、憲法24条がその実現のための婚姻を制度として保障していることからすると、異性愛者にとって重要な法的利益であるということができる。異性愛者と同性愛者の差異は、性的指向が異なることのみであり、かつ、性的指向は人の意思によって選択・変更できるものではないことに照らせば、異性愛者と同性愛者との間で、婚姻によって生じる法的効果を享受する利益の価値に差異があるとする理由はなく、そのような法的利益は、同性愛者であっても、異性愛者であっても、等しく享有し得るものと解するのが相当である。

したがって、本件区別取扱いは、このように異性愛者であっても同性愛者であっても、等しく享有し得る重要な利益である婚姻によって生じる法的効果を享受する利益について、区別取扱いをするものとみることができる。

ウ　明治民法下においては、婚姻とは、終生の共同生活を目的とする、男女の道徳上及び風俗上の要求に合致した結合関係などとされ（認定事実(3)イ)、昭和22年民法改正当時においても、夫婦関係とは、社会で一般に夫婦関係と考えられているような、社会通念による夫婦関係を築く男女の精神的・肉体的結合とされており（認定事実(5)イ)、我が国においては、同性婚は、明文の規定を置かずともそのような社会通念に照らして当然のこととして認められないと解されてきた（認定事実(3)イ、(5)イ、ウ)。

その理由について検討するに、同性愛は、明治民法下においては、変質狂などとされた精神疾患の一種とされ、これは治療すべきものであり、また禁止すべきものとされていたのであり（認定事実(2))、昭和22年民法改正がされた頃以降においても、同様に精神疾患とされ、治療すべきもの、禁止すべきものとされていたものであること（認定事実(4)ア～ウ）からすれば、同性愛とは精神疾患にり患した状態であり、同性愛者間において婚姻を欲したとしても、それは精神疾患が原因となっているためであって、同性愛者間においては社会通念に合致した正常な婚姻関係を営むことができないと考えられたことから、法令によって禁止するまでもないとされたものと解される。

しかしながら、平成4年頃までには、外国及び我が国において、同性愛は精神疾患ではないとする知見が確立したものといえ（認定事実(6)ア、イ)、さらに、性的指向は、人の意思によって選択・変更できるものではなく、また後天的に変更可能なものでもないことが明らかになったこと（認定事実(1)ア、(6)ア、イ）からすると、同性愛が精神疾患であることを前提として同性婚を否定した科学的、医学的根拠は失われたものということができる。

エ(ア)　現行民法では、婚姻当事者である夫婦のみにとどまる規定だけではなく、実子に関する規定（民法772条以下)、親権に関する規定（同法818条以下）などが置かれ、婚姻した夫婦とその子について特に定めていること、戸籍法が、子の出生時の届出（同法49条1項）や、子の親の戸籍への入籍（同法18条）などについて規定していることからすると、本件規定は、夫婦が子を産み育てながら共同生活を送るという関係に対して、法的保護を与えることを重要な目的としていると解することができる。

しかしながら、現行民法は、子のいる夫婦といない夫婦、生殖能力の有無、子をつくる意思の有無による夫婦の法的地位の区別をしていないこと、子を産み育てることは、個人の自己決定に委ねられるべき事柄であり、子を産まないという夫婦の選択も尊重すべき事柄といえること、明治民法においても、子を産み育てることが婚姻制度の主たる目的とされていたものではなく、夫婦の共同生活の法的保護が主たる目的とされていたものであり（認定事実⑶ウ）、昭和22年民法改正においてこの点の改正がされたことはうかがわれないこと（認定事実⑸ウ）に照らすと、子の有無、子をつくる意思・能力の有無にかかわらず、夫婦の共同生活自体の保護も、本件規定の重要な目的であると解するのが相当である。特に近時においては、子を持つこと以外の婚姻の目的の重要性が増しているとみることができ、子のいる世帯数は年々減少している（認定事実⑼イ㈦）にもかかわらず、いまだ婚姻件数は毎年60万件を超えて婚姻率も諸外国と比べて比較的高く（認定事実⑼イ㈠、㈡）、子を持つこと以外に婚姻（結婚）の利点を感じている者が多数いるとみられること（認定事実⑼ア㈦）には、それが表れているということができる。

㈡　このような本件規定の目的は正当であるが、そのことは、同性愛者のカップルに対し、婚姻によって生じる法的効果の一切を享受し得ないものとする理由になるとは解されない。

すなわち、婚姻の本質は、両性が永続的な精神的及び肉体的結合を目的として真摯な意思をもって共同生活を営むことにあるが、異性愛と同性愛の差異は性的指向の違いのみであることからすれば、同性愛者であっても、その性的指向と合致する同性との間で、婚姻している異性同士と同様、婚姻の本質を伴った共同生活を営むことができると解される。上記ウで説示したとおり、本件規定が同性婚について定めなかったのは、昭和22年民法改正当時、同性愛は精神疾患とされ、同性愛者は、社会通念に合致した正常な婚姻関係を築けないと考えられたためにすぎないことに照らせば、そのような知見が完全に否定されるに至った現在において、本件規定が、同性愛者が異性愛者と同様に上記婚姻の本質を伴った共同生活を営んでいる場合に、これに対する一切の法的保護を否定する趣旨・目的まで有するものと解するのは相当ではない。なぜなら、仮にそのように解したときには、本件規定は、誤った知見に基づいて同性愛者の利益を否定する規定と解さざるを得なくなるからである。

(ウ)　このことは、憲法24条の趣旨に照らしても同様であり、同条が異性婚についてのみ定めた理由は、本件規定に関して上記(イ)で説示したところと同様であることは、前記２(2)で説示したとおりである。これに加え、そもそも同条は、異性婚について定めるものであり、同性婚について触れるものではないことも併せ考慮すれば、同条は、同性愛者が異性愛者と同様に上記婚姻の本質を伴った共同生活を営んでいる場合に、これに対する一切の法的保護を否定する趣旨まで有するものとは解されない。

(エ)　以上のとおり、本件規定の目的や憲法24条の趣旨に照らせば、これらの規定は、同性愛者のカップルに対する一切の法的保護を否定する理由となるものとはいえない。

オ　我が国においては、平成27年10月の東京都渋谷区に始まり、登録パートナーシップ制度を導入する地方公共団体が増加し、現在はその数が約60に及び、そのような地方公共団体に居住する住民の数は約3,700万人を超えるに至った（認定事実(8)ア）。また、年齢層による差異があるとはいえ、同性婚を法律によって認めるべきとの国民の意見は、平成27年の調査と比較して平成30年には増加しているとみることができ、かつ平成27年の調査当時からおおむね半数に達していたものであり、特に、比較的若い世代において肯定的意見が多くみられる（認定事実(10)ア～オ）。さらに、同性愛者のカップルに何らかの法的保護が認められるべきだとの意見に肯定的な回答は75%に上り（認定事実(10)オ）、我が国の企業のうち、権利の尊重や差別の禁止などLGBTに対する基本方針を策定している企業数は、平成28年から平成30年までの間に約２倍となった（認定事実(8)イ）。

上記各事実は、いずれも国民の意思を代表するものとはいえないが、性的指向による区別取扱いを解消することを要請する国民意識が高まっていること、今後もそのような国民意識は高まり続けるであろうことを示しているといえ、このことは、本件区別取扱いが合理的根拠を有するといえるかを検討するに当たって考慮すべき事情であるといえる。

カ　同性愛が精神疾患の一種ではないとする知見が確立して以降、諸外国においては、同性婚又は同性間の登録パートナーシップ制度を導入する立法が多数行われ、婚姻は異性婚に限るとする司法判断がみられる一方で、同性婚を認めない法制は憲法に反するとする司法判断も示されるようになり、このような例は、いわゆるＧ７参加国等の先進国に多くみられるものといえる（認定事実(7)ア）。また、我が国に所在する外国団体も、我が国における外国人材の活動が制約されているとの懸念を示す意見を表明するに至っている（認定事実(7)イ）。

上記のような諸外国やその関連団体の動向は、婚姻やカップルの在り方に関する文化、価値観、宗教観などが我が国と異なることから、直ちに我が国における同性愛者のカップルに対する法的保護の在り方に影響する事情とし得るものではない。しかしながら、諸外国及び地域において、同性愛が精神疾患ではないとの知見が確立されて以降、同性愛者のカップルと異性愛者のカップルとの間の区別取扱いを解消するという要請が高まっていることを示すものといえ、このことも、本件区別取扱いが合理的根拠を有するといえるかを検討するに当たって考慮すべき事情であるといえる。

キ(ア)　同性愛を精神疾患の１つとし、禁止すべきものとする知見は、昭和55年頃までは、国際的にも我が国においても通用していたものであり、それは教育の領域においても広く示されていたものであった（認定事実(4)ウ）。近時の調査によれば、同性婚を法律で認めるべきとの国民の意見が多数になりつつあるものの、60歳以上の比較的高い年齢層においては、同性婚を法律で認めることについて否定的意見を持つ国民が多数を占めている（認定事実⑽ア、エ）。このように、国民の総意が同性婚に肯定的であるというには至らないのは、明治時代から近時に至るまで、同性愛は精神疾患でありこれを治療又は禁止すべきものとの知見が通用しており、そのような結果、同性婚を法律によって認めることに対する否定的な意見や価値観が国民の間で形成されてきたことが、理由の１つであると考えられる。同性愛を精神疾患とする知見は、現在は、科学的・医学的には否定されているものであるが、上記のような経緯もあって、同性婚に対する否定的な意見や価値観が形成され続けてきたことに照らせば、そのような意見や価値観を持つ国民が少なからずいることもまた考慮されなければならない。特に、婚姻とは、明治民法以来、社会の風俗や社会通念によって定義されるものと解されていたのであるから（認定事実⑶イ、⑸イ）、立法府は、異性婚と同様の同性婚を認めるかについてその裁量権を行使するに当たり、上記のような否定的な意見や価値観を有する国民が少なからずいることを斟酌することができるものといえる。

㈠　しかしながら、繰り返し説示してきたとおり、同性愛はいかなる意味でも精神疾患ではなく、自らの意思に基づいて選択・変更できるものでもないことは、現在においては確立した知見になっている。同性愛者は、我が国においてはごく少数であり、異性愛者が人口の９割以上を占めると推察されること（認定事実⑴イ）も考慮すると、圧倒的多数派である異性愛者の理解又は許容がなければ、同性愛者のカップルは、重要な法的利益である婚姻によって生じる法的効果を享受する利益の一部であってもこれを受け得ないとするのは、同性愛者のカップルを保護することによって我が国の伝統的な家族観に多少なりとも変容をもたらすであろうことを考慮しても、異性愛者と比して、自らの意思で同性愛を選択したのではない同性愛者の保護にあまりにも欠けるといわざるを得ない。

上記オで説示したとおり、性的指向による区別取扱いを解消することを要請する国民意識が高まっていること、今後もそのような国民意識は高まり続けるであろうこと、外国において同様の状況にあることも考慮すれば、上記(ア)で述べた事情は、立法府がその裁量権を行使するに当たって斟酌することができる一事情ではあるといえるものの、同性愛者に対して、婚姻によって生じる法的効果の一部であってもこれを享受する法的手段を提供しないことを合理的とみるか否かの検討の場面においては、限定的に斟酌されるべきものといわざるを得ない。

ク　被告は、同性愛者のカップルであっても、契約や遺言により婚姻と同様の法的効果を享受することができるから、不利益はない旨主張する。

しかしながら、婚姻とは、婚姻当事者及びその家族の身分関係を形成し、戸籍によってその身分関係が公証され、その身分に応じた種々の権利義務を伴う法的地位が付与されるという、身分関係と結び付いた複合的な法的効果を同時又は異時に生じさせる法律行為であることは、上記(2)アで説示したとおりであり、婚姻によって生じる法的効果の本質は、身分関係の創設・公証と、その身分関係に応じた法的地位を付与する点にあるといえる。そうすると、婚姻は、契約や遺言など身分関係と関連しない個別の債権債務関係を発生させる法律行為によって代替できるものとはいえない。そもそも、民法は、契約や遺言を婚姻の代替手段として規定しているものではなく、異性愛者であれば、婚姻のほか、契約や遺言等によって更に当事者間の権利義務関係を形成することができるが、同性愛者にはそもそも婚姻という手段がないのであって、同じ法的手段が提供されているとはいえないことは明らかである。加えて、婚姻によって生じる法的効果の１つである配偶者の相続権（民法890条）についていえば、同性愛者のカップルであっても、遺贈又は死因贈与によって財産を移転させることはできるものの、相続の場合と異なり、遺留分減殺請求（同法1046条）を受ける可能性があるし、配偶者短期居住権（同法1037条）についていえば、当事者間の契約のみでは、第三者に対抗することができず、契約や遺言によって一定程度代替できる法的効果も婚姻によって生じる法的効果に及ぶものとはいえない。

以上のことからすれば、婚姻と契約や遺言は、その目的や法的効果が異なるものといえるから、契約や遺言によって個別の債権債務関係を発生させられることは、婚姻によって生じる法的効果の代替となり得るものとはいえず、被告の上記主張は、採用することができない。

⑷　上記⑶で掲げた諸事情を総合して、本件区別取扱いの合理的根拠の有無について検討する。

上記⑶アで説示したとおり、本件区別取扱いは、人の意思によって選択・変更できない事柄である性的指向に基づく区別取扱いであるから、これが合理的根拠を有するといえるかについては、慎重な検討を要するところ、同イで説示したとおり、婚姻によって生じる法的効果を享受することは法的利益であって、同性愛者であっても異性愛者であっても、等しく享受し得る利益と解すべきであり、本件区別取扱いは、そのような性質の利益についての区別取扱いである。この点につき、本件区別取扱いは本件規定から導かれる結果であるところ、同ウ、エで説示したとおり、本件規定の目的そのものは正当であるが、昭和22年民法改正当時は正しいと考えられていた同性愛を精神疾患として禁圧すべきものとする知見は、平成４年頃には完全に否定されたことに照らせば、同性婚について定めていない本件規定や憲法24条の存在が同性愛者のカップルに対する一切の法的保護を否定する理由となるものではない。そうであるにもかかわらず、本件規定により、同性愛者と異性愛者との間で、その性的指向と合致する者との間で婚姻することができるか否かという区別が生じる結果となってしまっている。

もっとも、同性間の婚姻や家族に関する制度は、その内容が一義的ではなく、同性間であるがゆえに必然的に異性間の婚姻や家族に関する制度と全く同じ制度とはならない（全く同じ制度にはできない）こと、憲法から同性婚という具体的制度を解釈によって導き出すことはできないことは、前記２⑶で説示したとおりであり、この点で、立法府の裁量判断を待たなければならない。そして、我が国には、同性婚に対する否定的な意見や価値観を有する国民が少なからずおり、また、明治民法以来、婚姻とは社会の風俗や社会通念によって定義されてきたものであって、婚姻及び家族に関する事項は、国の伝統や国民感情を含めた社会状況における種々の要因を踏まえつつ、それぞれの時代における夫婦や親子関係についての全体の規律を見据えた総合的な判断を行うことによって定められるべきものであること（前記２⑴）からすれば、立法府が、同性間の婚姻や家族に関する事項を定めるについて有する広範な立法裁量の中で上記のような事情を考慮し、本件規定を同性間にも適用するには至らないのであれば、そのことが直ちに合理的根拠を欠くものと解することはできない。

しかしながら、上記説示したとおり、異性愛者と同性愛者の違いは、人の意思によって選択・変更し得ない性的指向の差異でしかなく、いかなる性的指向を有する者であっても、享有し得る法的利益に差異はないといわなければならない。そうであるにもかかわらず、本件規定の下にあっては、同性愛者に対しては、婚姻によって生じる法的効果の一部ですらもこれを享受する法的手段が提供されていないのである。そして、上記⑶オ～キで論じたとおり、本件区別取扱いの合理性を検討するに当たって、我が国においては、同性愛者のカップルに対する法的保護に肯定的な国民が増加し、同性愛者と異性愛者との間の区別を解消すべきとする要請が高まりつつあり、諸外国においても性的指向による区別取扱いを解消する要請が高まっている状況があることは考慮すべき事情である一方、同性婚に対する否定的意見や価値観を有する国民が少なからずいることは、同性愛者に対して、婚姻によって生じる法的効果の一部ですらもこれを享受する法的手段を提供しないことを合理的とみるか否かの検討の場面においては、限定的に斟酌すべきものというべきである。

以上のことからすれば、本件規定が、異性愛者に対しては婚姻という制度を利用する機会を提供しているにもかかわらず、同性愛者に対しては、婚姻によって生じる法的効果の一部ですらもこれを享受する法的手段を提供しないとしていることは、立法府が広範な立法裁量を有することを前提としても、その裁量権の範囲を超えたものであるといわざるを得ず、本件区別取扱いは、その限度で合理的根拠を欠く差別取扱いに当たると解さざるを得ない。

したがって、本件規定は、上記の限度で憲法14条１項に違反すると認めるのが相当である。

以上が本件規定（民法739条１項、戸籍法74条１項）が、憲法14条１項に違反するか否かについての札幌地裁の判決の内容である。本件はこのほかに本件規定が憲法24条又は13条に違反するか否か、についても判断をしているが、憲法24条と同13条については憲法違反とは認められないとしている。しかし、憲法14条１項については憲法違反と判断している。また、国家賠償法１条１項の適用上違法の評価を受けるものではないとしている。これらの判断の要旨については念のために後で簡単に紹介することにしたい。

●若干の考察

私はこの裁判の判決が報道された時、少なからず驚いた。同性婚の届出に関する不受理処分の根拠となった民法・戸籍法の関係規定にまさか憲法違反の判断が下されるとは思っていなかったからである。そして、なぜそのような判決がなされたのかをじっくりと学んでみたいと考えていたのである。丁度その時、「揺れる家族法」というテーマで家族法にまつわる問題点で現に議論なり改革への審議の過程にある問題を核として愚見をまとめてみたいと考えていた。そのテーマの一つにこの「同性婚」の問題をとりあげることとしていたのである。

同時に取り上げた「パートナーシップ制度」とともに、格好の裁判例があることに気づき、その判例を紹介するプロセスでそれらの問題の問題点について触れることができればと思ったのである（閑話休題)。なお、同性婚の不受理をめぐる訴訟は現在全国各地で６件が５つの地方裁判所で争われており、本件札幌地裁の案件はそのうちの一つであり、最も早い判決であったといえよう。今後他の提訴中の事案についても判決が出される予定でありその内容にも注目したい。それではまず本件判決の要旨を争点ごとに確認しておこう。

■憲法24条１項と同性婚との関係（要旨）

「婚姻及び家族に関する事項は、国の伝統や国民感情を含めた社会状況における種々の要因を踏まえつつ、それぞれの時代における夫婦や親子関係についての全体の規律を見据えた総合的な判断を行うことによって定められるべきものである。したがって、その内容の詳細については、憲法が一義的に定めるのではなく、法律によってこれを具体化することがふさわしい。」

「婚姻は、これにより、配偶者の相続権（民法890条）や夫婦間の子が嫡出子となること（同法772条１項等）などの重要な法律上の効果が与えられるものとされているほか、近年家族等に関する国民の意識の多様化が指摘されつつも、国民の中にはなお法律婚を尊重する意識が幅広く浸透していると考えられることをも併せ考慮すると、……婚姻をするについての自由は、憲法24条１項の規定の趣旨に照らし、十分尊重に値する。」

「昭和22年５月３日に施行された憲法は、同性婚に触れるところはなく、昭和22年民法改正に当たっても同性婚について議論された形跡はないが、同性婚は当然に許されないものと解されていた。……以上のような、同条の制定経過に加え、同条が「両性」、「夫婦」という異性同士である男女を想起させる文言を用いていることにも照らせば、同条は、異性婚について定めたものであり、同性婚について定めるものではないと解するのが相当である。そうすると、同条１項の「婚姻」とは異性婚のことをいい、婚姻をするについての自由も、異性婚について及ぶものと解するのが相当であるから、本件規定が同性婚を認めていないことが、同項及び同条２項に違反していると解することはできない。」

■憲法13条と同性婚との関係

「憲法24条によって、婚姻及び家族に関する特定の制度を求める権利が保障されていると解することはできない。同性婚についてみても、これが婚姻及び家族に関する事項に当たることは明らかであり、婚姻及び家族に関する個別規定である同条の……趣旨を踏まえて解釈するのであれば、包括的な人権規定である同法13条によって、同性婚を含む同性間の婚姻及び家族に関する特定の制度を求める権利が保障されていると解するのは困難である。」

「婚姻とは、婚姻当事者及びその家族の身分関係を形成し、戸籍によってその身分関係が公証され、その身分に応じた種々の権利義務を伴う法的地位が付与されるという、身分関係と結び付いた複合的な法的効果を同時又は異時に生じさせる法律行為である。」「生殖を前提とした規定（民法733条以下）や実子に関する規定（同法772条以下）など、本件規定を前提とすると、同性婚の場合には、異性婚の場合とは異なる身分関係や法的地位を生じさせることを検討する必要がある部分もあると考えられ、同性婚という制度を、憲法13条の解釈のみによって直接導き出すことは困難である。したがって、同性婚を認めない本件規定が、憲法13条に違反すると認めることはできない。」

■憲法14条１項と同性婚との関係

「憲法14条１項は、法の下の平等を定めており、この規定は、事柄の性質に応じた合理的な根拠に基づくものでない限り、法的な差別的取扱いを禁止する趣旨のものであると解すべきである。」「本件規定は、異性婚についてのみ定めているところ、異性愛者のカップルは、婚姻することにより婚姻によって生じる法的効果を享受するか、婚姻せずそのような法的効果を受けないかを選択することができるが、同性愛者のカップルは、婚姻を欲したとしても婚姻することができず、婚姻によって生じる法的効果を享受することはできない。そうすると、異性愛者と同性愛者との間には、上記の点で区別取扱いがあるということができる。……性的指向や婚姻の本質に照らせば、同性愛者が、その性的指向と合致しない異性との間で婚姻することができるとしても、それをもって、異性愛者と同等の法的利益を得ているとみることができないのは明らかであり、性的指向による区別取扱いがある。」

「性的指向は、自らの意思に関わらず決定される個人の性質であるといえ、性別、人種などと同様のものということができる。このような人の意思によって選択・変更できない事柄に基づく区別取扱いが合理的根拠を有するか否かの検討は、その立法事実の有無・内容、立法目的、制約される法的利益の内容などに照らして真にやむを得ない区別取扱いであるか否かの観点から慎重にされなければならない。」

「事実上婚姻関係と同様の事情にある者に対しては、婚姻している者と同様の権利義務を付与することが法技術的には可能であるにもかかわらず、なお婚姻という制度が維持されていることの各事情からすると、婚姻することにより、婚姻によって生じる法的効果を享受することは、法的利益であると解するのが相当である。このような婚姻によって生じる法的効果を享受する利益は、それが異性間のものであれば、憲法24条がその実現のための婚姻を制度として保障していることからすると、異性愛者にとって重要な法的利益であるということができる。異性愛者と同性愛者の差異は、性的指向が異なることのみであり、かつ、性的指向は人の意思によって選択・変更できるものではないことに照らせば、異性愛者と同性愛者との間で、婚姻によって生じる法的効果を享受する利益の価値に差異があるとする理由はなく、そのような法的利益は、同性愛者であっても、異性愛者であっても、等しく享有し得るものと解するのが相当である。」

「本件規定は、夫婦が子を産み育てながら共同生活を送るという関係に対して、法的保護を与えることを重要な目的としていると解することができる。しかしながら、現行民法は、子のいる夫婦といない夫婦、生殖能力の有無、子をつくる意思の有無による夫婦の法的地位の区別をしていないこと、子を産み育てることは、個人の自己決定に委ねられるべき事柄であり、子を産まないという夫婦の選択も尊重すべき事柄といえること、明治民法においても、子を産み育てることが婚姻制度の主たる目的とされていたのではなく、夫婦の共同生活の法的保護が主たる目的とされていた。」「このような本件規定の目的は正当であるが、そのことは、同性愛者のカップルに対し、婚姻によって生じる法的効果の一切を享受し得ないものとする理由になると解されない。」「婚姻の本質は、両性が永続的な精神的及び肉体的結合を目的として真摯な意思をもって共同生活を営むことにあるが、異性婚と同性婚の差異は性的指向の違いのみであることからすれは、同性愛者であっても、その性的指向と合致する同性との間で、婚姻している異性同士と同様、婚姻の本質を伴った共同生活を営むことができると解される。」

「本件規定が同性婚について定めなかったのは、昭和22年民法改正当時、同性愛は精神疾患とされ、同性愛者は、社会通念に合致した正常な婚姻関係を築けないと考えられたためにすぎないことに照らせば、そのような知見が完全に否定されるに至った現在において、本件規定が、同性愛者が異性愛者と同様に上記婚姻の本質を伴った共同生活を営んでいる場合に、これに対する一切の法的保護を否定する趣旨・目的まで有するものと解するのは相当ではない。」「このことは、憲法24条の趣旨に照らしても同様であり、……同条は、同性愛者が異性愛者と同様に上記婚姻の本質を伴った共同生活を営んでいる場合に、これに対する一切の法的保護を否定する趣旨まで有するものではない。」

「同性間の婚姻や家族に関する制度は、その内容が一義的ではなく、同性間であるがゆえに必然的に異性間の婚姻や家族に関する制度と全く同じ制度とはならない（全く同じ制度にはできない）こと、憲法から同性婚という具体的制度を解釈によって導き出すことはできず、立法府の裁量判断を待たなければならない。……立法府が、同性婚の婚姻や家族に関する事項を定めるについて有する広範な立法裁量の中で上記のような事情を考慮し、本件規定を同性間にも適用するには至らないのであれば、そのことが直ちに合理的根拠を欠くものと解することはできない。」「しかしながら……異性愛者と同性愛者の違いは、人の意思によって選択・変更し得ない性的指向の差異でしかなく、いかなる性的指向を有する者であっても、享有し得る法的利益に差異はないといわなければならない。」「我が国においては、同性愛者のカップルに対する法的保護に肯定的な国民が増加し、同性愛者と異性愛者との間の区別を解消すべきとする要請が高まりつつあり、諸外国においても性的指向による区別取扱いを解消する要請が高まっている状況があることは考慮すべき事情である一方、同性婚に対する否定的意見や価値観を有する国民が少なからずいることは、同性愛者に対して、婚姻によって生じる法的効果の一部ですらもこれを享受する法的手段を提供しないことを合理的とみるか否かの検討の場面においては、限定的に斟酌すべきものというべきである。」

「以上のことからすれば、本件規定が、異性愛者に対しては婚姻という制度を利用する機会を提供しているにもかかわらず、同性愛者に対しては、婚姻によって生じる法的効果の一部ですらもこれを享受する法的手段を提供しないとしていることは、立法府が広範な立法裁量を有することを前提としても、その裁量権の範囲を超えたものであるといわざるを得ず、本件区別取扱いは、その限度で合理的根拠を欠く差別取扱いに当たると解さざるを得ない。したがって、本件規定は、上記の限度で憲法14条１項に違反すると認めるのが相当である。」

判決もほぼ全文に近い形で掲載したのであえてさらに要約することもなかったかも知れないが、判決のいわば核と思われる部分を摘記するのも意味あることと考えた次第である。

本件判決は極めて多面的な問題点についての論点を詳細に説示し、特に憲法14条１項違反の判断に際してはその理由づけの論理は深い思考の連鎖が読み取れるのである。筆者は憲法学については門外漢であるから本件判決の評釈は叶わぬことではあるが、しかし、判決に至る論理のプロセスはそれなりに理解できたと思っている。他の提訴中の同種事件にも大きな影響を及ぼすのではないかと推測している。今一度判決をゆっくり読み直してみたいと念じている。

※2022（令和４）年６月21日大阪地方裁判所の同性婚訴訟の判決について

なお、平成22年６月20日に同性婚を認めていない民法や戸籍法の規定が憲法に違反するかどうかが争われていた事件で、大阪地方裁判所は、これら民法・戸籍法の規定に憲法違反はないとする判断を示した旨の報道があった。前記の札幌地裁は同性カップルが婚姻の法的効果の一部ですら受けられていないのは憲法14条に違反するとする違憲判断を示したのに対して、大阪地裁の判断は原告側の請求を全て避ける初の「同性婚不受理」の合憲判決となっている。新聞報道をもとに前記札幌地裁の判決と比較する意味でも有益と思われるのでここで補記しておきたい。

判決の要旨

1　「婚姻の自由」を定めた憲法24条１項との関係について

「両性の合意」「夫婦」という同項の文言や（戦後の）民法改正で同性婚について議論された形跡がないことに照らすと、同項のいう婚姻の自由は異性婚だけに及ぶ。本件諸規定は同項に反するとは言えない。

もっとも、同項の趣旨は明治民法下の封建的な家制度を否定し、個人の尊厳の観点から婚姻が当事者間の合意だけに委ねられると明らかにした点にある。同性愛者にも異性愛者と同様の婚姻やこれに準ずる制度を認めることは、憲法の普遍的価値に沿う。同項がこうした制度を作ることを禁じているとは解せない。

2　「個人の尊厳と両性の本質的平等」を定めた憲法24条２項との関係について

婚姻で受けられる利益には相続や財産分与といった経済的利益だけでなく、カップルとして公に認知される利益もある。重要な人格的利益で、同性愛者にも認められる。憲法24条２項は国会の合理的な立法裁量に制度の構築を一次的に委ねつつ、このような利益にも配慮した法の制定を求める。

本件諸規定のもと、同性愛者は望み通りに婚姻できないという重大な影響が生じている。契約や遺言など別の制度で同等の効果を得られても、異性婚で得られる法的効果には及ばず、公認の利益も満たされない。

一方で、人類には男女が共同生活して子孫を残してきた歴史・伝統があり、自然で基礎的な集団単位として識別・公示する機能を持たせて法的保護を与える婚姻制度には合理性がある。公認の利益を実現するためには類似の承認制度を作ることも可能で、本件諸規定はそれを妨げていない。個人の尊厳の観点から同性カップルの公認の利益も実現させるべきだが、どのような法的保護を与えるかは伝統や国民感情、各時代の夫婦や親子関係の規律を見据え、民主的過程で決めるべきだ。近年の調査では法的保護を認めるべきだという回答が増え、多数決原理による制度構築に期待できないわけではない。

同性婚の法的措置がないことが将来違憲となる可能性があっても、現段階で司法が積極的に違憲と宣言すべきだとはいえず、立法裁量の逸脱は認められない。

3　「法の下の平等」を定めた憲法14条１項との関係について

本件諸規定は、性的指向という本人の意思や努力では変えられない事柄によって取扱いを区別するものだから、14条１項との適合性についてはより慎重に検討する必要がある。

しかし、同性間の人的結合関係にどのような保護を与えるかはなお議論の過程にあり、同性カップルと異性カップルの得られる利益の差異は相当程度解消・緩和されつつあり、類似の制度や個別的な立法でさらに緩和することもできる。現状の差異が同項の許容する立法裁量の範囲を超えたとは直ちには認められない。

○所感

同性婚を認めないのは、「法の下の平等」を保障した憲法14条に違反するとして「憲法違反」とした札幌地裁判決とこれを合憲とした大阪地裁判決であるが、この判断が分かれたのは、同性婚カップルの法的保護をめぐる現状認識を踏まえ、国会（立法機関）の裁量の範囲をどこまで認めるかにあったといえよう。

札幌地裁と大阪地裁は同様の判断をしているものもある。例えば、両地裁とも、「婚姻の自由」を保障した憲法24条については、「同性婚を想定してはいない」としている。したがって、民法や戸籍法の規定が異性間以外の婚姻を認めていなくても、憲法違反には当たらないとしている。また、性的指向という本人の意思や努力によっては変えられない事柄で、婚姻制度を利用できるかどうかについて、同性カップルと異性カップルを「区別」するものとの指摘も同様である。しかし、異なる事実認識とそれに基づく法的判断では微妙に差異を見せる。

札幌地裁判決では、同性カップルを結婚に準じる関係と証明するパートナーシップ制度が東京都渋谷区や世田谷区等で導入され、次第に全国に広がっている現状などを踏まえ、同性カップルの保護に肯定的な国民が増え、異性カップルとの間の区別を解消すべきだとの要請が高まりつつあると指摘。また、諸外国でも、区別を解消する要請が高まっており、同性婚を法制化する国も増えている状況があると認識している。

その上で、同性カップルが婚姻によって生じる法的効果の一部ですら受けられないのは「立法府の裁量権の範囲を超えたものだと言わざるを得ず、合理的根拠を欠く差別に当たる」として「違憲」であるとした。

他方、大阪地裁判決も同性カップルの保護について「社会の中で公に認知されて、安心して安定した共同生活を営む利益が満たされていない」という問題意識を示している。ただ、その問題を解消する方法は「婚姻以外の制度の創設などによっても可能だ」としている。札幌地裁判決とは異なり、パートナーシップ制度の広がりや国民の理解について、同性カップルと異性カップルの差は「一定の範囲で緩和されつつある」と捉えている。そして、同性カップルの保護については「国の伝統や国民感情を踏まえ、民主的過程において決められるべきだ」とし、議論が尽くされていない現状では「違憲」とは判断できず「現状の差異が立法裁量の範囲を超えたものだと直ちには認められない」としている。今後の社会状況の変化によって、将来的に憲法24条違反となる可能性はあるが、現状では議論が尽くされていないとも指摘している。

どちらの判決も相応の論理でもって構成されてはいるが、違憲、合憲の判断の分かれ目はやはり同性婚なり同性愛者に対する問題認識の深浅にあるように思われる。この事案は人の生き方の評価の根本的なところが実は争点になっているのであって、そのような意味では札幌地裁の説示に心が傾斜しているのが正直なところである。まだまだ同種事案の判断は続く。こうした司法の判断の持つ意味は、この問題の今後の進展のありようや議論のありようにも大きく作用する。その推移を見守りたい。

なお、同性婚カップル等の提起した訴訟の状況は下記のとおりとなっている（2021年１月現在）。

2019年２月14日	札幌・東京・名古屋・大阪にて同性カップル提訴
2019年９月	福岡の同性カップル提訴
2020年３月	熊本の同性カップル提訴
2021年１月	トランスジェンダー男性とシスジェンダー女性の異性カップルが提訴予定といわれていたが提訴の事実は未確認 （注）シスジェンダー（Cisgender）とは、性自認（自分の性をどのように認識するか）と生まれ持った性別が一致している人のことを指す。

このうち札幌地裁と大阪地裁に係属していたものは本文で紹介したとおり既に判決が出ている。

五　終わりに

「揺れる家族法」と題して現在その改革改善が問題となっている事項について問題の中身と改正の方向等について触れてきた。現代の日本はあらゆる分野でその進み方や基本的制度の見直しを迫られているように思われる。まさに時代の大きな転換点にあるといってもいいかも知れない。その原因の一つの核となっているのが国民の価値観の多様化とそれを前提とした生活様式の多面化・個性化いうことであろうか。加えて、国際化の波が色々な生活分野に入りこみ、人々の意識の変革をもたらしていることも重要な原因の一つかも知れない。こうした流れは必然的に民法等の基本的法制度の変革にも深く作用する。多くは明治時代に創設された日本の民事基本法及びその附属的法律は随時改革を重ねてきたが、今の時代はかなり抜本的な見直しを迫っていると言えよう。

本書を執筆しながら現今の家族法分野においてもその改革は二つの大きな流れの中にあるように思われた。一つは、現にある制度の中の改革、今まさに法務省の法制審議会で審議検討中の問題がその中心的課題であろうか。今一つは家族法的分野の中における新しい動きである。事実婚の問題、同性婚の問題、パートナーシップ関係をめぐる問題、生殖補助医療をめぐる親子関係等の問題がそれである。とりわけ、後者の問題は、将来的問題として捉えるのではなく、まさに今から来るべき時代に備えてしっかりと議論し、どのような対応が当事者や社会にとって必要かつ有益であるか等、組織的な対応が望まれるところである。同性婚判決をめぐる札幌地裁判決を読みながら、このような問題についても随分国民の意識・感覚は柔軟かつ多様化していることを実感した。この変化は著しい。「新しい酒は新しい革袋に盛れ」という諺ではないが、いたずらに過去の法制にとらわれることなく思い切った立法措置にチャレンジして欲しい。

今日（2022年６月20日）の報道によれば、法務省は今年の８月にも親権制度の改正に関連して、離婚後の共同親権制を提案する旨が報じられていた。果たしてどのような結末になるか予測の限りではないが、この問題でも、筆者は、単独親権か共同親権かという視点だけでなく、離婚後の単独親権か共同親権かを離婚する夫婦の選択に委ねる選択肢も検討されてよいと思っている。離婚する夫婦の容態は様々である。離婚後も共同親権がふさわしい夫婦もいれば単独親権のほうがベターという夫婦もいる。家庭裁判所の関与のもとそのいずれを選ぶかを離婚当事者の判断に任せ、その後の経緯によっては単独親権から共同親権、またはその逆の可能性も認めてよいであろう。そこに監護者制度をうまくかみ合わせるのもいいかも知れない。子の養育監護というような問題についての対応は可能な限り柔軟かつ相対的であるほうがよい。もちろん制度のバックボーンに反するものであってはならないが、一義的な対応だけは控えて欲しい。生殖補助医療の抜本的法制化の作業も見えてこない。走り出して相当の距離をこなした後での休憩が長すぎるのではないか。法制度なきため新しい問題が続出する。リスタートを強く望む。同性婚問題もパートナーシップ関係の問題も早急に検討を始めて欲しい。時間をかけた多角的な検討が必要であろうがまずはスタートである。関係機関の積極的アプローチを期待したい。

補遺―家族法制の見直しに関する中間試案のたたき台（修正版）―

法制審議会家族法制部会は家族法制の見直しについて審議検討を続けているが、本年（2022年）８月30日にその中間試案をとりまとめ公表する予定であったところ、直前に開催された（７月26日）自民党の法務部会での場で「わかりにくい」などの異論が出て、それが直接の原因かどうかは不明であるが、なぜか30日予定の中間試案の公表が見送られたという報道があった。大変残念なことであるが、この上は一日でも早く中間試案の公表がなされ、パブリックコメントの手続に入ることを期待したい。

以下では、家族法制部会でまとめられていた「家族法制の見直しに関する中間試案のたたき台（修正版）」の内容を若干のコメントを付して紹介することとしたい。

家族法制の見直しに関する中間試案のたたき台（修正版）・部会資料18－１

（前注１）本試案では「親権」等の用語については現行民法の表現を用いているが、これらの用語に代わるより適切な表現があれば、その用語の見直しも含めて検討すべきであるとの考え方がある。

（前注２）本試案で取り扱われている各事項について、今後、具体的な規律を立案するに当たっては、配偶者からの暴力や父母による虐待がある事案に適切に対応することができるようなものとする。

第１　親子関係に関する基本的な規律の整理

１　子の最善の利益の確保等

⑴　父母は、成年に達しない子を養育する責務を負うものとする。

⑵　父母は、民法その他の法令により子について権利の行使及び義務

の履行をする場合や、現に子を監護する場合には、子の最善の利益を考慮しなければならないものとする（注１）。

(3)　上記(2)の場合において、父母は、子の年齢及び発達の程度に応じて、子が示した意見を考慮するよう努めるものとする考え方について、引き続き検討するものとする（注２）。

（注１）親の権利義務や法的地位を表す適切な用語を検討すべきであるとの考え方がある。

（注２）本文(3)の考え方に加えて、父母（子と同居していない父母を含む。）が、できる限り、子の意見又は心情を把握しなければならないものとするとの考え方がある。

●所感

まず（前注１）と（前注２）についてである。（前注１）の「親権」の用語について、この用語に代わるより適切な表現があれば、その見直しも含めて検討すべであるとの考え方がある、とされているが、これは是非しっかり検討して「親権」に代わる用語を見出して欲しい。現在の「親権」なる用語は、親の立場からみた表現であり、子のための親権法を目指すのであれば、事柄の実質的内容を示す表現に改めるべきであろう。外国の立法例にも「親責任」とか「親の配慮」「親義務」などがある。「親養育義務」も候補たり得る。これらも参考となろう。

また（前注２）で述べられているように、本試案で取り扱われている各事項について、今後、具体的な規律を立案するに当たっては、「配偶者からの暴力や父母による虐待がある事案に適切に対応することができるようなものとする」とあるが、これも現代の家族法関連の立法作業においては必須の対応条件であるから今回の見直し作業においても是非その方針を活かして欲しいと願うものである。

次に、「第１　親子関係に関する基本的な規律の整理」の１の「子の最善の利益の確保等」についてである。ここでの記述は、家族法制の見直しに関する規律の内容を指導する理念が明らかにされているものと評価したい。三つが示されている。一つは、「父母の未成年子に対する養育義務の確認」である。二つは、子を監護する場合の「子の最善の利益の考慮」である。三つは、子の年齢及び発達の程度に応じた「子の意思（意見）の尊重」である。これらはいずれも親子関係において親が「子の最善の利益の確保」のための必須の考慮要件である。これらがどのような形で法文化されるのかは不明であるが、なんらかの形で具体化されることを期待したい。

2　未成年の子に対する父母の扶養義務

⑴　未成年の子に対する父母の扶養義務の程度が、他の直系親族間の扶養義務の程度（生活扶助義務）よりも重いもの（生活保持義務）であることを明らかにする趣旨の規律を設けるものとする。

⑵　成年に達した子に対する父母の扶養義務の程度について、下記のいずれかの考え方に基づく規律を設けることについて、引き続き検討するものとする（注）。

【甲案】

子が成年に達した後も引き続き教育を受けるなどの理由で就労をすることができないなどの一定の場合には、父母は、子が成年に達した後も相当な期間は、引き続き同人に対して上記⑴と同様の程度の義務を負うものとする考え方

【乙案】

成年に達した子に対する父母の扶養義務は、他の直系親族間の扶養義務と同程度とする考え方

（注）　成年に達した子に対する父母の扶養義務の程度については特段の規律を設けず、引き続き解釈に委ねるものとする考え方もある。

●所感

親の子に対する扶養義務に関して民事実体法上の明確な規定を設けることは未成熟子に対する扶養及び養育費の問題が現在のように顕在化してくるとその具体的内容（意義）等について整理検討することは意義あることと思われる。成年に達した後の子に対する父母の扶養義務については乙案の扱いでよいのではないか。

第２　父母の離婚後等の親権者に関する規律の見直し

１　離婚の場合において父母双方を親権者とすることの可否

【甲案】

父母が離婚をするときはその一方を親権者と定めなければならないことを定める現行民法第819条を見直し、離婚後の父母双方を親権者と定めることができるような規律を設けるものとする。

【乙案】

現行民法第819条の規律を維持し、父母の離婚の際には、父母の一方のみを親権者と定めなければならないものとする。

２　親権者の選択の要件

上記１【甲案】において、父母の一方又は双方を親権者と定めるための要件として、次のいずれかの考え方に沿った規律を設けるものとする考え方について、引き続き検討するものとする（注）。

【甲①案】

父母の離婚の場合においては、父母の双方を親権者とすることを原則とし、一定の要件を満たす場合に限り、父母間の協議又は家庭裁判所の審判により、父母の一方のみを親権者とすることができるものとする考え方

【甲②案】

父母の離婚の場合においては、父母の一方のみを親権者と定めることを原則とし、一定の要件を満たす場合に限り、父母間の協議又は家

庭裁判所の審判により、父母の双方を親権者とすることができるものとする考え方

（注）　本文に掲げたような考え方と異なり、選択の要件や基準に関する規律を設けるのではなく、個別具体的な事案に即して、父母の双方を親権者とするか一方のみを親権者とするかを定めるべきであるとの考え方もある。他方で、本文に掲げたような選択の要件や基準がなければ、父母の双方を親権者とするか一方のみを親権者とするかを適切に判断することが困難であるとの考え方もある。

●所感

まず第２の「父母の離婚後等の親権者に関する規律の見直し」の項の１の「離婚の場合において父母双方を親権者とすることの可否」についてである。ここは、今回の見直しに関わる事項の基本的重要事項であると言ってよい。

甲案は離婚後の共同親権説の原則採用を明らかにするものであり、乙案は現行法と同様離婚後の単独親権説を維持するものである。

甲案が妥当であろう。親は離婚して他人となっても子に対する関係では依然として親である。この関係を断ち切ることは不可能である。しかし、離婚する夫婦は以後当然に居住関係を異にするのが基本である。そうなれば婚姻中のように親権の共同行使は難しくなる。そのような事情等を踏まえて、離婚後は一方のみを親権者としているのが現行法の立場である。それにも相応の合理性は認められる。しかし、基本はやはり親子関係の内実にあるとみるべきであろう。だとすれば、基本的には離婚という親の事情で未成年者が一方の親権者を失うという事態は避けるべきであろう。離婚後の共同親権を原則とすべきであろう。

次に第２の２の「親権者の選択の要件」である。これについては甲①案を支持する。問題は甲①案の例外的に単独親権を認める考え方である。「一定の要件を満たす場合に限り、父母間の協議又は家庭裁判所の審判により、父母の一方のみを親権者とすることができるものとする考え方」である。未成年者を有する全ての離婚する夫婦が離婚後の共同親権に親しむわけではもちろんない。

むしろ離婚後の単独親権のほうが子のためによい結果をもたらす場合も当然あり得よう。ここでそれがどのような場合かを類型化して示すことはできないが、例えば、子に対する虐待、配偶者に対するＤＶなどの事実があるときはそれを要件として単独親権を認めることは可能かつ適切な対応と言えるであろう。（前注２）で述べられている考えが活かされる典型的場面と言えよう。

３　離婚後の父母双方が親権を有する場合の親権の行使に関する規律（本項は、上記１において【甲案】を採用した場合の試案である。）

⑴　監護者の定めの要否

【Ａ案】

離婚後に父母双方を親権者と定めるに当たっては、必ず監護者の定めをしなければならないものとする。

【Ｂ案】

離婚後に父母双方を親権者と定めるに当たっては、監護者の定めをすることも、監護者の定めをしないこともできるものとする（注１）。

⑵　監護者が指定されている場合の親権行使

ア　離婚後の父母の双方を親権者と定め、その一方を監護者と定めたときは、当該監護者が、基本的に、子の監護に関する事項（民法第820条から第823条までに規定する事項を含み、同法第824条に規定する財産管理に関する事項や法定代理権及び同意権を含まない。）についての権利義務を有するものとする考え方について、そのような考え方を明確化するための規律を設けるかどうかも含め、引き続き検討するものとする（注２）。

イ　離婚後の父母の双方を親権者と定め、父母の一方を監護者と定めたときの親権（上記アにより監護者の権利義務に属する事項を除く。）の行使の在り方について、次のいずれかの規律を設けるものとする。

【α案】

監護者は、単独で親権を行うことができ、その内容を事後に他方の親に通知しなければならない。

【β案】

① 親権は、父母間の（事前の）協議に基づいて行う。ただし、この協議が調わないとき、又は協議をすることができないときは、監護者が単独で親権を行うことができる（注３）。

② 上記の規律に反する法定代理権及び同意権の効力は、現行民法第825条と同様の規律による。

【γ案】

① 親権は父母が共同して行う。ただし、父母の一方が親権を行うことができないときは他の一方が行うものとする。

② 親権の行使に関する重要な事項について、父母間に協議が調わないとき又は協議をすることができないとき（父母の一方が親権を行うことができないときを除く。）は、家庭裁判所は、父又は母の請求によって、当該事項について親権を行う者を定める（注４）。

③ 上記の各規律に反する法定代理権及び同意権の効力は、現行民法第825条と同様の規律による。

⑶ 監護者の定めがない場合の親権行使（注５）

ア （上記⑴【Ｂ案】を採用した場合において）監護者の定めがされていないときは、親権は父母が共同して行うことを原則とするものとする。ただし、父母の一方が親権を行うことができないときは他の一方が行うものとする。

イ 親権の行使に関する重要な事項について、父母間に協議が調わないとき又は協議をすることができないとき（父母の一方が親権を行うことができないときを除く。）は、家庭裁判所は、父又は母の請求によって、当該事項について親権を行う者を定める（注

6）。

ウ　上記の各規律に反する法定代理権及び同意権の効力は、現行民法第825条と同様の規律による。

(4)　子の居所指定に関する親権者の関与

離婚後に父母の双方を親権者と定め、父母の一方を監護者と定めた場合における子の居所の指定について、次のいずれかの考え方に基づく規律を設けるものとする。

【X案】

上記(2)アの規律に従って、監護者が子の居所の指定又は変更に関する決定を単独で行うことができる。

【Y案】

上記(2)アの規律にかかわらず、上記(2)イの【α案】、【β案】又は【γ案】のいずれかの規律により、親権者である父母双方が子の居所の指定又は変更に関する決定に関与する。

（注１）本文の【Ｂ案】の考え方の中には、監護者の定めをしないこと（すなわち、父母の双方が監護権を行使すること）を選択するに当たっては、「主たる監護者」を定めるものとすべきであるとの考え方がある。また、父母の双方が親権者となった場合の「監護者」や「主たる監護者」の権利義務の内容については、父母の一方が親権者となって他の一方が「監護者」と定められた場合との異同も意識しながら、引き続き検討すべきであるとの考え方がある。

（注２）本文(2)アの考え方を基本とした上で、子の監護に関する事項であっても、一定の範囲の事項（例えば、子の監護に関する重要な事項）については、本文(2)イの各規律によるものとすべきであるとの考え方がある。また、本文(2)アの考え方及び本文(2)イの規律を基本とした上で、子の財産管理に関する事項や法定代理権又は同意権の行使であっても、一定の範囲（例えば、重要な事項以外の事項）については、監護者が単独でこれを行うことができるものとすべきであるとの考え方がある。

（注３）本文の【β案】を採用した場合において、監護者と定められた親権者の一方が子の最善の利益に反する行為をすることを他方の親権者が差し止めるた

めの特別の制度を新たに設けるべきであるとの考え方がある。

（注４）本文の【γ案】②と異なり、親権の行使に関する重要な事項について、父母間に協議が調わないとき等には、家庭裁判所が、父又は母の請求によって、当該事項についての親権の行使内容を定めるものとする考え方がある。

（注５）本文の(3)のような規律を設ける場合には、婚姻中の父母がその親権を行うに当たって意見対立が生じた場面においても、家庭裁判所が一定の要件の下で本文の(3)イのような形で父母間の意見対立を調整するものとするとの考え方がある。また、婚姻中の父母の一方を監護者と定めた場合の親権の行使について、上記本文３(2)及び(4)と同様の規律を設けるものとするとの考え方がある。

（注６）本文の(3)イの規律についても、上記（注４）と同様の考え方がある。

４　離婚後の父母の一方を親権者と定め、他方を監護者と定めた場合の規律

離婚後の父母の一方を親権者と定め、他方を監護者と定めたときの監護者の権利義務について、上記３(2)ア（及び同項目に付された上記注２）と同様の整理をする考え方について、そのような考え方を明確化するための規律を設けるかどうかも含め、引き続き検討するものとする。

５　認知の場合の規律

【甲案】

父が認知した場合の親権者について、現行民法第819条を見直し、父母双方を親権者と定めることができるような規律を設けるものとした上で、親権者の選択の要件や父母双方が親権を有する場合の親権の行使に関する規律について、上記２及び３と同様の規律を設けるものとすることについて、引き続き検討するものとする。

【乙案】

父が認知した場合の親権者についての現行民法第819条の規律を維持し、父母の協議（又は家庭裁判所の裁判）で父を親権者と定めたと

きに限り父が親権を行う（それ以外の場合は母が親権を行う）ものとする。

（注）　認知後に父母の一方を親権者と定め、他方を監護者と定めた場合における規律について、本文の上記４と同様の整理をする考え方がある。

●所感

第２の３の「離婚後の父母双方が親権を有する場合の親権の行使に関する規律」についてである。まず、⑴の「監護者の定めの要否」である。この点はＢ案が妥当であろう。Ａ案のように、必ず監護者の定めをしなければならない、とするのはどのような理由からであろうか。もちろん、この場合、監護者を決めることはそれなりに意味のあることではあるが、法律によって義務化することまでの必要性が果たしてあるのだろうか。ここは、Ｂ案に即して監護者の定めをすることも、監護者の定めをしないことも当事者に任せればよいのではないか。むしろ、ここで重要なのは、離婚当事者に親権と監護権の理解が極めて不十分な現状をどう打開するかにあると言ってよい。

なお、３の⑶「監護者の定めがない場合の親権行使」についてである。この場合は、アで、親権は父母が共同して行うことを原則とするものとする、ただし、父母の一方が親権を行うことができないときは他の一方が行うものとする等イ、ウにもこの場合の考え方が示されているが基本的にはそれでよいのではなかろうか。

３の⑷の「居所指定に関する親権者の関与」についてはＹ案が妥当であろう。子の生活の基盤となる生活の本拠に準じる場所の問題であるから、父母双方が関与することが望ましい。

次に、５の「認知の場合の規律」であるが、認知は確かに法的父子関係の成立をもたらすものであるが、問題はそれが行われる場合の当事者（特に認知者側）の置かれている状況は様々である。とりわけ認知者側が法律婚家族の者であれば、認知をしたからと言って父母双方を親権者と定めることには慎重であるべきであろう。しかし、見直しにおける共同親権採用の理念も重要であるから、この場合の父母に共同親権の行使を認めても特段の障害等がなくなった時点で父母双方を親権者と定めることができるような方策も検討されてよいのではなかろうか。もし、そのような方策の検討が無理であれば、当面は乙案で対応することもやむを得ないであろう。

第３　父母の離婚後の子の監護に関する事項の定め等に関する規律の見直し

１　離婚時の情報提供に関する規律

【甲案】

未成年の子の父母が協議上の離婚をするための要件を見直し、原則として、【父母の双方】【父母のうち親権者となる者及び監護者となる者】が法令で定められた父母の離婚後の子の養育に関する講座を受講したことを協議上の離婚の要件とする考え方について、引き続き検討するものとする（注）。

【乙案】

父母の離婚後の子の養育に関する講座の受講を協議上の離婚の要件とはせず、その受講を促進するための方策について別途検討するものとする。

（注）　裁判離婚をする場合において、例えば、家庭裁判所が離婚事件の当事者に離婚後養育講座を受講させるものとすべきであるとの考え方がある一方で、そのような離婚後養育講座の受講を義務付けることに消極的な考え方がある。

●所感

離婚時の情報提供とは一体何を意味しているのか、一瞬思考が停止したが、「家族法研究会報告書～父母の離婚後の子の養育の在り方を中心とする諸課題について～」令和３年２月（商事法務刊）を読んで納得した。それによれば、趣旨は、離婚を検討している父母に対して、離婚後の子の養育に関する必要な情報を確実に届けて適切な取決め等を図るために、公的機関による離婚後の子の養育に関する講習（養育ガイダンス）を実施し、父母が協議離婚をする場合には養育ガイダンスを受講することを確保するための規律を設けようという趣旨のようである。問題は多いように思われるが制度の基本の理解に関わる側面を持っており、真剣に検討されてよいアイデアであると思われる。

参考までに前記の報告書で述べられている養育ガイダンスのデザイン等について簡単に紹介しておきたい。ガイダンスの内容として想定されているものとして３案あり、例えば、１案は、父母の子に対する扶養義務、離婚後の親権制度、民法第766条第１項が定める子の監護に必要な事項（監護者制度、面会交流、養育費等）についての情報を内容とする案、２案は、１案の事項に加え、離婚を経験した父母の心理状況や、父母の離婚・片親との別居を経験した子の心理状況・養育への影響等、離婚後の子の養育に関する行動科学的な情報や、離婚後の子育てに関する各種行政サービスに関する情報を含めるものとする案、３案として前記２案の事項に加え、財産分与や年金分割制度等、離婚一般について問題となる事項についての情報を含めるものとする案があるようである。これらの案が最終的にどのような内容に固まるかであるが、どのような内容であれ、これは是非実現して欲しいアイデアであることには変わりはない。なお、併せて、協議離婚をする父母が養育ガイダンスを受講することを確保するための方策の在り方についても検討が進められているようである。

なお養育ガイダンスの実施主体や実施方法については、公的機関に赴いて受講することや、インターネット等を通じて受講することができるものとする等の方策が検討されているようである。

なおもう一つの離婚形態である裁判離婚の場合の実施の可否、その方法等についても検討されているようであるが、養育ガイダンスの目的からすれば基本的には裁判離婚の場合も協議離婚の場合と実質的に差のない扱いがされるべきであろう。

2　父母の協議離婚の際の定め

⑴　子の監護について必要な事項の定めの促進

【甲①案】

未成年の子の父母が協議上の離婚をするときは、父母が協議をすることができない事情がある旨を申述したなどの一定の例外的な事情がない限り、子の監護について必要な事項（子の監護をすべき者、父又は母と子との面会及びその他の交流、子の監護に要する費用の分担など）を定めなければならないものとした上で、これを協議上の離婚の要件とするものとする考え方について、引き続き検討するものとする（注１）。

【甲②案】

【甲①案】の離婚の要件に加えて、子の監護について必要な事項の定めについては、原則として、弁護士等による確認を受けなければならないものとする考え方について、引き続き検討するものとする（注２）。

【乙案】

子の監護について必要な事項の定めをすることを父母の協議上の離婚の要件としていない現行民法の規律を維持した上で、子の監護について必要な事項の定めがされることを促進するための方策について別途検討するものとする（注３）。

⑵　養育費に関する定めの実効性向上

子の監護に要する費用の分担に関する父母間の定めの実効性を向上させる方向で、次の各方策について引き続き検討するものとする。

ア　子の監護に要する費用の分担に関する債務名義を裁判手続によらずに容易に作成することができる新たな仕組みを設けるものとする。

イ　子の監護に要する費用の分担に関する請求権を有する債権者が、債務者の総財産について一般先取特権を有するものとする。

(3) 法定養育費制度の新設

父母が子の監護について必要な事項の協議をすることができない場合に対応する制度として、一定の要件の下で、離婚の時から一定の期間にわたり、法定された一定額の養育費支払請求権が発生する仕組みを新設するものとし、その具体的な要件や効果（上記(2)イの一般先取特権を含む。）について引き続き検討するものとする（注4～7）。

（注1）本文1の【甲①案】及び【甲②案】においては、子の監護に要する費用の分担をしない（養育費等の額を0円とする）旨の定めをすることの可否やその効力が問題となり得るが、例えば、子の監護に要する費用の分担をしない旨の定めは、一定の要件を満たす場合に限って有効（その場合には本文(3)の法定養育費は発生しない）とすべきであるとの考え方がある。

（注2）本文(1)の【甲②案】において、弁護士等が子の監護に関する事項についての定めを確認するに当たっては、父母の真意に基づく定めがされているか、定めの内容が子の最善の利益に反するものでないか（できる限り子の意見又は心情を把握するよう努めた上で、子の意見又は心情に配慮されているかを含む。）について確認するものとするとの考え方がある。

また、本文の(1)の【甲②案】においては、子の監護に要する費用の分担の部分に関して公正証書等の債務名義となる文書が作成されている場合には、弁護士等による確認を受ける必要がないとの考え方がある。

（注3）本文(1)の【乙案】の方策の1つとして、例えば、①協議上の離婚をする父母が、子の最善の利益を図るため、子の監護について必要な事項が定められるよう努める義務を負っていることを明確化する規律を設けるべきであるとの考え方や、②民法の見直しとは別に、子の監護について必要な事項の定めをすることの重要性を周知・広報し、又はそのような定めが円滑にされるような様々な支援策を拡充させる方向での検討を進めるべきであるとの考え方があり得る。

（注4）法定養育費の権利行使主体としては、子が権利者であるとする考え方と、親権者（監護者が定められた場合には監護者）が権利者であるとする考え方がある。

（注5）法定養育費の発生要件として、父母がその離婚の届出において子の監護に

ついて必要な事項の協議をすることができない事情がある旨を申述したことを要件とする考え方がある。

（注６）法定養育費が発生する期間については、①父母間の協議によって子の監護に要する費用の分担についての定めがされるまでとする考え方と、②法令で一定の終期を定めるとする考え方がある。

（注７）法定養育費の具体的な額については、①最低限度の額を法令で定めるものとする考え方と、②標準的な父母の生活実態を参考とする金額を法令で定めるものとする考え方がある。いずれの考え方においても、後に父母間の協議又は家庭裁判所の手続において定められた養育費額と法定額との間に差額がある場合の取扱いについて、その全部又は一部を清算するための規律を設けるとの考え方がある。

●所感

まず第３の２の「父母の協議離婚の際の定め」についてである。⑴の「子の監護について必要な事項の定めの促進」である。これについては甲①案を支持する。協議上の離婚に際して、協議離婚の要件として、子の監護に関し必要な事項を定めなければならないとの案は、今回の見直しの根幹にかかわる問題点の一つであり、子を監護すべき者、面会及びその他の交流、子の監護に要する費用の分担等について、離婚の際に当事者の明確な意思として押さえておくことは離婚の基本的要件として位置づける必要があろう。ただ、甲②案のように当事者が定めた内容について弁護士による確認を求める案には消極的である。ここは、当事者の主体的自己決定を尊重するほうがベターではなかろうか。なお、乙案が「子の監護について必要な事項の定めがされることを促進するための方策について検討する」旨述べられているが、これは甲①案の実効性を高める意味でも有効な方途であり、甲①案とともに並行して前向きな検討を期待したい。

次に第３の２の⑵の「養育費に関する定めの実効性向上」についてである。その方策として例示されている、簡易な債務名義の仕組みの検討や法定養育費制度の検討もきめ細かい対応として期待できるので積極的推進を図って欲しい。

最後は(3)の「法定養育費制度の新設」である。これについては、未だ「法定養育費」の具体的な内容等が今後の審議検討に委ねられている段階であり意見を述べることは差し控えたいが、父母が子の監護について必要な事項の協議をすることができない場合の対応としてユニークなアイデアであり是非前向きな検討を継続して欲しい。

3　離婚等以外の場面における監護者等の定め

次のような規律を設けるものとする（注）。

婚姻中の父母が別居し、その婚姻関係が破綻したことその他の事由により必要があると認められるときは、父母間の協議により、子の監護をすべき者、父又は母と子との面会その他の交流その他の子の監護について必要な事項は、その協議で定めることができる。この協議が調わないとき又は協議をすることができないときは、家庭裁判所は、父又は母の申立てにより、当該事項を定めることができる。

（注）　別居や婚姻関係破綻の判断基準（例えば、別居期間の長さを基準とするなど）を明確化するものとする考え方がある。また、別居や婚姻関係破綻の場面においても、子の監護について必要な事項や婚姻費用の分担に関する定めが促進されるようにするための方策を講ずるものとする考え方がある。

●所感

次は第3の3の「離婚等以外の場面における監護者等の定め」である。これは準離婚関係とも呼ぶべき状態になっている夫婦の未成年子の監護等についての対応を検討するものである。実質的に見れば離婚と同様の評価も可能であるから、示されているような対応策が可能であれば意味ある改革となるであろう。今後の審議検討を注視したい。

4　家庭裁判所が定める場合の考慮要素

(1)　監護者

家庭裁判所が子の監護をすべき者を定め又はその定めを変更するに当たっての考慮要素を明確化するとの考え方について、引き続き検討するものとする（注１）。

(2)　面会交流（親子交流）

家庭裁判所が父母と子との面会その他の交流に関する事項を定め又はその定めを変更するに当たっての考慮要素を明確化するとの考え方について、引き続き検討するものとする（注２、３）。

（注１）子の監護をすべき者を定めるに当たっての考慮要素の例としては、①子の出生から現在までの生活及び監護の状況、②子の発達状況及び心情やその意思、③監護者となろうとする者の当該子の監護者としての適性、④監護者となろうとする者以外の親と子との関係などがあるとの考え方がある。このうち、①の子の生活及び監護の状況に関する要素については、父母の一方が他の一方に無断で子を連れて別居した場面においては、このような行為が「不当な連れ去り」であるとして、当該別居から現在までの状況を考慮すべきではないとする考え方がある一方で、そのような別居は「ＤＶや虐待からの避難」であるとして、この別居期間の状況を考慮要素から除外すべきではないとの考え方もある。このほか、⑤他の親と子との交流が子の最善の利益となる場合において、監護者となろうとする者の当該交流に対する態度を考慮することについては、これを肯定する考え方と否定する考え方がある。

（注２）父母と子との交流に関する事項を定めるに当たっての考慮要素の例としては、①子の生活状況、②子の発達状況及び心情やその意思、③交流の相手となる親と子との関係、④安全・安心な面会交流を実施することの可否（交流の相手となる親からの暴力の危険の有無などを含む。）などがあるとの考え方がある。このほか、交流の相手となる親と他方の親との関係を考慮することについては、これを肯定する考え方と否定する考え方がある。

（注３）面会交流を実施する旨の定めをするかどうかの判断基準を明確化すべきであるとの考え方がある。

●所感

第3の4の「家庭裁判所が定める場合の考慮要素」については、監護者の場合も面会交流（親子交流）の場合も「考慮要素」を明確化する方向での検討を期待する。従来はともすれば家庭裁判所に丸投げするケースが多かったように思う。家庭裁判所からみれば「考慮要素」が規律として規定されていれば審判に臨みやすいであろうし、申立人側からすれば審判の方向性についてある程度推測することも可能となるのではなかろうか。

第4　親以外の第三者による子の監護及び交流に関する規律の新設

1　第三者による子の監護

(1)　親以外の第三者が、親権者（監護者の定めがある場合は監護者）との協議により、子の監護者となることができる旨の規律を設けるものとし、その要件等について引き続き検討するものとする（注1、注2）。

(2)　上記(1)の協議が調わないときは家庭裁判所が子の監護をすべき者を定めるものとする考え方について、その申立権者や申立要件等を含め、引き続き検討するものとする。

（注1）監護者となり得る第三者の範囲について、親族に限るとする考え方や、過去に子と同居したことがある者に限るとする考え方がある。

（注2）親以外の第三者を子の監護者と定めるには、子の最善の利益のために必要があることなどの一定の要件を満たす必要があるとの考え方がある。

2　親以外の第三者と子との面会交流

(1)　親以外の第三者が、親権者（監護者の定めがある場合は監護者）との協議により、子との面会その他の交流をすることができる旨の規律を設けるものとし、その要件等について引き続き検討するものとする（注1、2）。

⑵　上記⑴の協議が調わないときは家庭裁判所が第三者と子との面会その他の交流について定めるものとする考え方について、その申立権者や申立要件等を含め、引き続き検討するものとする。

（注１）子との交流の対象となる第三者の範囲について、親族に限るとする考え方や、過去に子と同居したことがある者に限るとする考え方がある。

（注２）親以外の第三者と子との交流についての定めをするには、子の最善の利益のために必要があることなどの一定の要件を満たす必要があるとの考え方がある。

●所感

第４の「親以外の第三者による子の監護及び交流に関する規律の新設」についてであるが、これはそのような規律を設けること自体は既定の方針のようにも読めるがそういう理解でいいのであろうか。そのように理解した上で、まず１の「第三者による子の監護」である。これは、父母に養育能力がない場合も当然あり得るから、そのような場合に備えての対応策として考えられているのであろう。その場合、「第三者」の範囲をどう策定するか、その要件等については今後の検討に委ねられているからその推移を注視したい。

なお、親以外の者（例えば、祖父母等）を監護者と指定することができるかという点については、これを肯定する裁判例（東京高裁昭和52年12月９日決定、福岡高裁平成14年９月13日決定）があり、また、否定する裁判例（仙台高裁平成12年６月22日決定、東京高裁平成20年１月30日決定）もある、とされている（「家族法研究会報告書～父母の離婚後の子の養育の在り方を中心とする諸課題について～」令和３年２月（商事法務刊）56頁）。

ここで、参考までに、父母以外の第三者を監護者に指定することもその事情如何によっては是認できるとした決定例を紹介しておこう。

大阪高決平成２年１月16日（判例タイムズ1479号51頁）である。

「子の福祉を全うするためには、民法766条１項の法意に照らし、事実上の監護者である祖父母等も、家庭裁判所に対し、子の監護者指定の申立てをすることができるものと解するのが相当である」とした上で、「事実上の監護者である祖父母等に子の監護者指定の申立権を認めるとしても、当該祖父母等を子の監護者と定めることは、親権者の親権の行使に重大な制約を伴うこととなるから、慎重な判断が求められる。しかし、他方において、この判断に当たっては、子の福祉の観点を最も重視すべきである。したがって、上記祖父母等を監護者と定めるためには、上記親権者の親権の行使に重大な制約を伴うこととなったとしても、子の福祉の観点からやむを得ないと認められる場合であること、具体的には、親権者の親権の行使が不適当であることなどにより、親権者に子を監護させると、子が心身の健康を害するなど子の健全な成長を阻害するおそれが認められることなどを要すると解するのが相当である。」としつつ、具体的事案の下で、未成年者の祖母を監護者に指定した原審の判断を維持する判断を示している。この決定は「子の福祉」の観点を重視し、民法766条１項の法意に照らし、親権者の立場にも慎重に留意をしつつ、親以外の者に監護者指定の申立権を認めたものである。ただし、それが認められる第三者の範囲については「祖父母等」としているだけでそれ以外について触れていない。立法に際し参考となる裁判例であろう。

次は第４の２の「親以外の第三者と子との面会交流」である。

現行法においては、祖父母、兄弟姉妹等、親以外の者との面会交流に関する規律はなく、実務上も、そのような者から民法766条に基づいて面会交流を求めることはできないとされているようである。しかし、第４の２の記述では、親以外の第三者と子との面会交流についてはそれを可能とする立場が明らかにされている。確かに、子の利益の観点からは、祖父母等、親以外の親族と子との面会交流が必要かつ有益な場合もあり得るからそこはあえて面会の門を閉ざす必要はないであろう。第三者の範囲等についてのさらなる検討を期待したい。

第５　子の監護に関する事項についての手続に関する規律の見直し
１　相手方の住所の調査に関する規律

子の監護に関する処分に係る家事事件手続において、家庭裁判所から調査の嘱託を受けた行政庁が、一定の要件の下で、当事者の住民票に記載されている住所を調査することを可能とする規律（注１、２）について、引き続き検討するものとする（注３）。

（注１）調査方法としては、行政庁が、住民基本台帳ネットワークシステムを利用して調査するとの考え方がある。

（注２）当事者は、家庭裁判所又は行政庁が把握した住所の記載された記録を閲覧することができないとの規律を設けるべきであるとの考え方がある。

（注３）相手方の住民票に記載されている住所が判明したとしても、相手方が当該住所に現実に居住しているとは限らないために居住実態の現地調査が必要となる場合があり得るところであり、こういった現地調査に係る申立人の負担を軽減する観点から、例えば、公示送達の申立ての要件を緩和すべきであるとの考え方がある。他方で、公示送達の活用については相手方の手続保障の観点から慎重に検討すべきであるとの考え方もある。

２　収入に関する情報の開示義務に関する規律

養育費、婚姻費用の分担及び扶養義務に関して、当事者の収入の把握を容易にするための規律について、次の考え方を含めて、引き続き検討するものとする。

⑴　実体法上の規律

父母は、離婚するとき（注１）に、他方に対して、自己の収入に関する情報を提供しなければならないものとする。

⑵　手続法上の規律

養育費、婚姻費用の分担及び扶養義務に関する家事審判・家事調停手続の当事者や、婚姻の取消し又は離婚の訴え（当事者の一方が子の監護に関する処分に係る附帯処分を申し立てている場合に限る。）の当事者は、家庭裁判所に対し、自己の収入に関する情報を開示しなければならないものとする（注２）。

（注１）婚姻費用の分担に関し、離婚前であっても、一定の要件を満たした場合には開示義務を課すべきであるとの考え方がある。

（注２）当事者が開示義務に違反した場合について、過料などの制裁を設けるべきであるとの考え方がある。

３　面会交流に関する裁判手続の見直し

⑴　調停成立前や審判の前の段階の手続

面会交流等の子の監護に関する処分の審判事件又は調停事件において、調停成立前又は審判前の段階で別居親と子が面会交流をすることを可能とする仕組みについて、次の各考え方に沿った見直しをするかどうかを含めて、引き続き検討するものとする（注１）。

ア　面会交流に関する保全処分の要件（家事事件手続法第157条第１項等参照）のうち、急迫の危険を防止するための必要性の要件を緩和した上で、子の安全を害するおそれがないことや本案認容の蓋然性（本案審理の結果として面会交流の定めがされるであろうこと）が認められることなどの一定の要件が満たされる場合には、家庭裁判所が暫定的な面会交流の実施を決定することができるものとするとともに、家庭裁判所の判断により、第三者（弁護士等や面会交流支援機関等）の協力を得ることを、この暫定的な面会交流を実施するための条件とすることができるものとする考え方（注２、３）

イ　家庭裁判所は、一定の要件が満たされる場合には、原則として、調停又は審判の申立てから一定の期間内に、１回又は複数回にわたって別居親と子の面会交流を実施する旨の決定をし、【必要に応じて】【原則として】、家庭裁判所調査官に当該面会交流の状況を観察させるものとする新たな手続（保全処分とは異なる手続）を創設するものとする考え方

⑵　成立した調停又は審判の実現に関する手続等

面会交流に関する調停や審判等の実効性を向上させる方策（執行

手続に関する方策を含む。）について、引き続き検討するものとする。

（注１）調停成立前や審判前の段階での面会交流の実施に関する規律については、本文のような新たな規律を設けるべきではないとの考え方や、家庭裁判所の判断に基づくのではなく当事者間の協議により別居親と子との面会交流を実現するための方策を別途検討すべきであるとの考え方もある。

（注２）面会交流に関する保全処分の要件としての本案認容の蓋然性の有無を判断するに際して、子の最善の利益を考慮しなければならないとの考え方がある。また、面会交流に関する保全処分の判断をする手続（本文の(1)アの手続）においても、家庭裁判所が、父母双方の陳述を聴かなければならず、また、子の年齢及び発達の程度に応じてその意思を考慮しなければならないものとする考え方がある。本文の(1)イの手続についても、同様に、父母双方の陳述や子の意思の考慮が必要であるとの考え方がある。

（注３）本文(1)アの考え方に加えて、調停又は審判前の保全処分として行われる暫定的な面会交流の履行の際にも、家庭裁判所が家庭裁判所調査官に関与させることができるものとする考え方もある。

4　養育費、婚姻費用の分担及び扶養義務に係る金銭債権についての民事執行に係る規律

養育費、婚姻費用の分担及び扶養義務に係る金銭債権についての民事執行において、１回の申立てにより複数の執行手続を可能とすること（注１）を含め、債権者の手続負担を軽減する規律（注２）について、引き続き検討するものとする。

（注１）１回の申立てにより、債務者の預貯金債権・給与債権等に関する情報取得手続、財産開示手続、判明した債務者の全ての財産に対する強制執行等を行うことができる新たな制度を設けるべきであるとの考え方がある。

（注２）将来的に、預金保険機構を通じて、相続人等の利用者が、金融機関に対し、被相続人等の個人番号（マイナンバー）が付番された口座の存否を一括して照会し、把握することが可能となる仕組みが整備されることから、民事執行法における預貯金債権等に係る情報の取得手続においても、当該仕組み

を利用するなどして、裁判所が複数の金融機関に対する債務者の預貯金債権に関する情報を、一括して探索することができる制度を設けるべきであるとの考え方などがある。

5　家庭裁判所の手続に関するその他の規律の見直し

(1)　子の監護に関する家事事件等において、濫用的な申立てを簡易に却下する仕組みについて、現行法の規律の見直しの要否も含め、引き続き検討するものとする。

(2)　子の監護に関する家事事件等において、父母の一方から他の一方や子への暴力が疑われる場合には、家庭裁判所が当該他の一方や子の安全を最優先に考慮する観点から適切な対応をするものとする仕組みについて、現行法の規律の見直しの要否も含め、引き続き検討するものとする。

第６　養子制度に関する規律の見直し（注１）

1　未成年者を養子とする普通養子縁組（以下「未成年養子縁組」という。）に関し、家庭裁判所の許可の要否に関する次の考え方について、引き続き検討するものとする（注２）。

【甲案】家庭裁判所の許可を要する範囲につき、下記①から③までのいずれかの方向で、現行法の規律を改める。

①　配偶者の直系卑属を養子とする場合に限り、家庭裁判所の許可を要しないものとする。

②　自己の直系卑属を養子とする場合に限り、家庭裁判所の許可を要しないものとする。

③　未成年者を養子とする場合、家庭裁判所の許可を得なければならないものとする。

【乙案】現行民法第798条の規律を維持し、配偶者の直系卑属を養子とする場合や自己の直系卑属を養子とする場合に限り、家庭裁判所の許可を要しないものとする。

2　（上記１のほか）未成年養子縁組の成立要件につき、父母の関与の在り方に関する規律も含めて、引き続き検討するものとする（注３）。

3　未成年養子縁組後の親権者に関する規律につき、以下の方向で、引き続き検討するものとする（注４、５）。

①　同一人を養子とする養子縁組が複数回された場合には、養子に対する親権は、最後の縁組に係る養親が行う。

②　養親の配偶者が養子の実親である場合には、養子に対する親権は、養親及び当該配偶者が共同して行う。

③　共同して親権を行う養親と実親が協議上の離婚をするときは、その協議で、その一方（注６）を親権者と定めなければならない。裁判上の離婚の場合には、裁判所は養親及び実親の一方（注６）を親権者と定める。

4　未成年養子縁組後の実親及び養親の扶養義務に関する規律として、最後の縁組に係る養親が一次的な扶養義務を負い（当該養親が実親の一方と婚姻している場合には、その実親は当該養親とともに一次的な扶養義務を負う）、その他の親は、二次的な扶養義務を負うという規律を設けることにつき、引き続き検討するものとする。

（注１）養子制度に関する規律の在り方は、上記第２の１記載の離婚後に父母双方が親権者となり得る規律の在り方と密接に関連するため、相互に関連付けて総合的に検討すべきであるとの指摘がある。

（注２）未成年養子縁組の離縁時にも家庭裁判所の許可を必要とすべきであるとの考え方がある。

（注３）試案の本文に明示しているもののほか、未成年養子縁組の成立要件に関する規律として、①未成年養子縁組に係る家庭裁判所の許可に係る考慮要素及び許可基準を法定すべきであるとの考え方や②法定代理人が養子となる者に代わって縁組の承諾をすることができる養子の年齢を引き下げるべきであるとの考え方などがある。

（注４）試案の本文は、上記第２の１記載の離婚後に父母双方が親権者となり得る規律を導入するか否かに関わらず、すべからく未成年養子縁組について適用

される規律を提案するものである。
（注５）実親の一方から、現に親権者である養親や他方の実親に対して、親権者変更の申立てをすることを認めるべきであるという考え方がある。
（注６）上記第２の１記載の離婚後に父母双方が親権者となり得る規律を導入した場合には、試案の本文にある「一方」を「一方又は双方」とすべきであるとの考え方がある。

●所感

未成年養子縁組制度については多くの論点が指摘され検討のアプローチもかなり広範囲にわたっていたように思うが、このたたき台でのコメントを見ると論点は二つに集約されているように見える。つまり、一つは、未成年養子縁組に関し、家庭裁判所の許可の要否とその範囲の問題であり、今一つは、未成年養子縁組後の親権者に関する規律である。

まず、第６の１の「未成年者を養子とする普通養子縁組に関し、家庭裁判所の許可の要否」に関する問題である。これについては、甲案の③を支持する。つまり、未成年者を養子とする場合は、全て家庭裁判所の許可を得なければならないとする案である。現行法では、未成年養子縁組であっても、いわゆる「連れ子養子」や「孫養子」については、家庭裁判所の許可を要しないこととされている（民法798条）。しかし、連れ子であり、孫であるという理由だけでこれらの子を養子とする場合は、子の福祉が常に保たれているのではないかという推論は必ずしも的を射ているとは言えないのではないか。真実、子の福祉を考えるなら、これらの場合も常に家庭裁判所のスクリーニングを経るようにして養子となる者の福祉を担保すべきであろう。家庭裁判所の負担が増加するという懸念も指摘されているが、そのために「子の福祉」が後退するのでは本末転倒ではなかろうか。なお、未成年養子縁組の離縁時にも家庭裁判所の許可を要すべきであるとの考え方があるとされているが、これも是非前向きに検討して欲しい問題であることを指摘しておきたい。

次は第６の３の「未成年養子縁組後の親権者に関する規律」については特に意見はない。第６の４の「扶養義務に関する規律」についても当然の論理であると思われるがそれを規律として明らかにすることは意味あることであろう。

第７　財産分与制度に関する規律の見直し

１　財産分与に関する規律の見直し

財産の分与について、当事者が、家庭裁判所に対して協議に代わる処分を請求した場合には、家庭裁判所は、離婚後の当事者間の財産上の衡平を図るため、当事者双方がその協力によって取得し、又は維持した財産の額及びその取得又は維持についての各当事者の寄与の程度、婚姻の期間、婚姻中の生活水準、婚姻中の協力及び扶助の状況、各当事者の年齢、心身の状況、職業及び収入その他一切の事情を考慮し、分与させるべきかどうか並びに分与の額及び方法を定めるものとする。この場合において、当事者双方がその協力により財産を取得し、又は維持するについての各当事者の寄与の程度は、その異なることが明らかでないときは、相等しいものとする。

●所感

財産分与の理念や考慮要素を明記することのほか、夫婦の財産の取得及び維持への寄与の程度は、異なることが明らかでない限り、当事者の双方で相等しいものとする、いわゆる「２分の１ルール」が明記されているがこれは是非そのような明文の規律を設けて欲しい。

２　財産分与の期間制限に関する規律の見直し

財産分与の期間制限に関する民法第768条第２項ただし書を見直し、【３年】【５年】を経過したときは、当事者は、家庭裁判所に対して協議に代わる処分を請求することができないものとするほかは、現行法のとおりとする。

３　財産に関する情報の開示義務に関する規律

財産分与に関して、当事者の財産の把握を容易にするための規律について、次の考え方を含めて、引き続き検討するものとする。

⑴　実体法上の規律

夫婦は、財産分与に関する協議をする際に、他方に対して、自己の財産に関する情報を提供しなければならないものとする。

⑵　手続法上の規律

財産分与に関する家事審判・家事調停手続の当事者や、婚姻の取消し又は離婚の訴え（当事者の一方が財産の分与に関する処分に係る附帯処分を申し立てている場合に限る。）の当事者は、家庭裁判所に対し、自己の財産に関する情報を開示しなければならないものとする（注）。

（注）　当事者が開示義務に違反した場合について、過料などの制裁を設けるべきであるとの考え方がある。

第８　その他所要の措置

第１から第７までの事項に関連する裁判手続、戸籍その他の事項について所要の措置を講ずるものとする（注１、２）。

（注１）夫婦間の契約の取消権に関する民法第754条について、削除も含めて検討すべきであるとの考え方がある。

（注２）第１から第７までの本文や注に提示された規律や考え方により現行法の規律を実質的に改正する場合には、その改正後の規律が改正前に一定の身分行為等をした者（例えば、改正前に離婚した者、子の監護について必要な事項の定めをした者、養子縁組をした者のほか、これらの事項についての裁判手続の申立てをした者など）にも適用されるかどうかが問題となり得るところであるが、各規律の実質的な内容を踏まえ、それぞれの場面ごとに、引き続き検討することとなる。

以　上

■終わりに

「家族法の見直しに関する中間試案のたたき台（修正版）」を紹介し若干のコメントを付してその内容に触れてきた。いずれ公表されるであろう正式な「中間試案」の内容と同じであるかどうかはわからない。しかし、その骨格には変化はないものと推測している。見直しの大凡の内容と方向が知ってもらえればそれで十分である。ただ、率直に言えば、内容が大変難解な部分が多い。法律の専門家や実務家の方々が議論されて、その果実なり果実化しつつある事柄のいわば結論ないしはそれに近くなっている事象が中心的記述となっているから、いささかわかりにくいというのはある種当然のことかも知れない。なぜか、なぜそうなるのか、という大事な部分の説明までは事柄の性質上もともとそれを試案の内容に取り込むことは無理なのであろう。しかし、法律の適用を受ける人々にとってはそこが一番求めているところであることも否定できない。広範かつ多様な問題を含む今回の見直しは大変な作業であり、これに関わっておられる関係者の皆さんには心から敬意を表したい。ゴールまではなかなか簡単ではなさそうに見えるが、子にとっても父母にとっても社会にとっても「いい見直しだった」と感じられるような結論の出ることを確信かつ祈念している。

2022年９月記

［著者紹介］

澤田（さわだ）省三（しょうぞう）

略　歴

1936年生。兵庫県豊岡市出身

法務省勤務を経て、宮崎産業経営大学法学部教授、同法律学科長、鹿児島女子大学教授、志學館大学法学部教授、同図書館長、中京大学法科大学院教授、全国市町村職員中央研修所講師、全国市町村国際文化研修所講師等歴任

著　書（主なもの）

「夫婦別氏論と戸籍問題」（ぎょうせい）

「家族法と戸籍をめぐる若干の問題」（テイハン）

「新家族法実務大系２」共著（新日本法規）

「ガイダンス戸籍法」（テイハン）

「私の漱石ノート」（花伝社）

「渉外戸籍実務基本先例百選」（テイハン）

「戸籍実務研修講義（増補・改訂版）」（テイハン）

「法の適用に関する通則法と渉外的戸籍事件―基礎理論と実務への誘い―」（テイハン）

「戸籍実務研修講義―渉外戸籍編―」（テイハン）

「ピックアップ判例戸籍法Ⅰ・Ⅱ」（テイハン）

「家族法と戸籍実務等をめぐる若干の問題・上～下」（テイハン）

その他多数

揺れる家族法―論点と改革の動向―

2022年11月19日　初版第１刷印刷　定価：2,750円（本体価：2,500円）

2022年11月24日　初版第１刷発行

不複許製

著　者　澤　田　省　三

発行者　坂　巻　　徹

発行所　東京都文京区本郷５丁目11-3　株式会社テイハン

電話 03(3811)5312　FAX 03(3811)5545／〒113-0033

ホームページアドレス　https://www.teihan.co.jp

〈検印省略〉

印刷／三美印刷株式会社

ISBN978-4-86096-162-6

本書のコピー，スキャン，デジタル化等の無断複製は著作権法上での例外を除き禁じられています。本書を代行業者等の第三者に依頼してスキャンやデジタル化することはたとえ個人や家庭内での利用であっても著作権法上認められておりません。